奥多摩・多摩の百山

守屋龍男

1 白糸の滝・小菅村／高柳正義
2 大岳山／小林実（あきる野市より撮影）
3 奥多摩湖／高柳正義

4 アズマシャクナゲ／安藤芳（鶏冠山にて）
5 レンゲツツジ／多摩らいふ倶楽部事務局
6 マツムシソウ／園原征一（大菩薩嶺にて）
7 イワウチワ／安藤芳（三頭山にて）

8 ノスリ（月夜見山より）
9 ルリビタキ（三頭山にて）
10 コマドリ（笠取山付近にて）
11 キセキレイ（御前山付近にて）
撮影すべて小林実

はじめに

山岳展望の名所として知られているJR中央線の多摩川鉄橋付近（立川市）から眺めると、一際高い富士山を守るかのように丹沢山塊《たんざわさんかい》や奥多摩、奥秩父、奥武蔵の山々が屏風のように連なって見える。

足下を滔々《とうとう》と流れる多摩川は、奥多摩の最奥の笠取山《かさとりやま》から、最初の一滴をもらい、日原川《にっぱらがわ》、小菅川《こすげがわ》、浅川《あさかわ》、三沢川《みさわがわ》、大栗川《おおぐりがわ》など、多くの河川から水を集め、大河に成長して、１３８キロもの長い旅を終えて、東京湾に入る。

ところで、多摩川流域には、はたしてどれだけの山があるだろうか。

ざっと３５０もの山々がある。いや、もっと細かく数えれば、５００はある。この山々は、もちろん、多摩川水系が永年にわたる浸食作用で造ったものである。

いつかは多摩川水系の山々を登ってみたいと思っていた。

それらの中で、登ってみたい山を１００ほど選んでみた。日本百名山、あるいは日本三百名山、あるいは海外の名山に挑戦されることは、もちろん、すばらしいことではあるが、ここはひとつ、身近な山域である多摩川流域の１００の山を歩いてみては、いかがであろうか。

２００３年１月　多摩の山々をこよなく愛す　著者　しるす

奥多摩・多摩の百山

目次

☆……初級者向き(歩行時間が短く、初級者でも歩けるコース)
☆☆……中級者向き(歩行時間が4～6時間程度)
☆☆☆……上級者向き(歩行時間が7時間以上で、体力を要し、危険なコースや迷いやすいコースを含むもの)

二、奥多摩湖の北側の山々

三、奥多摩湖の南側や秋川・五日市線沿いの山々

四、青梅線沿いの山々

【コラム】
山歩きの基本

装丁 岡田恵子
写真協力 多摩らいふ倶楽部
＊写真説明文中の氏名は撮影者を示し、
氏名のないものはすべて著者が撮影。

この本を読まれる方に

①「奥多摩・多摩」の範囲＝山梨県の塩山《えんざん》市、丹波山村《たばやま》、小菅村《こすげ》や東京都の多摩地区の多摩川流域一帯である。

②上記の地域にある山（約３５０山）の中から、歩いてみたい山を１００選んで、紹介した。

③かなりの山は「多摩らいふ倶楽部」主催の「散策、ハイキング、登山」で登ったものである。

また、全部の山は２０００年～２００３年にかけて実地踏査している。

④原則として登山道や道標がしっかりした山を選定した。

⑤多摩川源流地帯はバスの便がないので、タクシーやマイカー利用でのガイドである。

⑥「多摩らいふ倶楽部」の会員から募集した写真や感想などを用いた。

⑦山の標高は国土交通省国土地理院の地形図（2万5千分の1）から読み取った。

地形図には、三角点などの標石がある山の標高は小数点以下、一桁まで記載してあるが、本書では四捨五入して記載した。

⑧問合せ先については、電話番号を記載したが、インターネットのホームページを検索した方がよい。とくに路線バスの時刻や料金は営業時間外でも調べられるので便利である。

⑨登山道については、台風や大雨のあとは崩壊などによって通行止めになることがある（とくに多摩川源流地域）ので、事前にコースの状況を把握してほしい。

⑩山名、地名については現地での呼称を採用した。

一、多摩川源流の山々

笠取山／深澤澄

☆☆☆——歩程▼（1日目）約3時間30分（2日目）約7時間20分

(1)飛竜山《ひりゅうざん》・前飛竜《まえひりゅう》——深い谷から聳え立つ雄大な山

【地図15頁】

飛竜山（標高2069メートル）は雲取山《くもとりやま》の西に聳える、丹波川《たばがわ》源流域の盟主とも言える大きな山である。

山頂直下にある飛竜権現《ごんげん》（15世紀に小菅遠江守が建立）から、この名がついた。

前飛竜（標高1954メートル）はその名のとおり、飛竜山の前にあって、飛竜権現を守っているようである。

《ガイド》

飛竜山域は奥深いので、一泊が必要だ。名湯の誉れ高い三条《さんじょう》の湯で泊り、翌日、飛竜山に登頂する予定で行くことにする。

JR青梅線奥多摩駅から丹波山《たばやま》村行きの西東京バスに乗り、お祭《まつり》という、いささか変わった名のバス停まで行く。刻々と変わる渓谷や湖水の景観を眺めて行くので、長

(1)飛竜山・前飛竜

雪の飛竜山（中央の丸い山頂）と前飛竜——大丹波峠より遠望

時間の乗車も気にならない。

お祭から、後山《うしろやま》林道に入る。これまた、長い林道歩きではあるが、深い森林や渓流の音を聞きながら、深い森の森林浴を楽しみながら行く。

中間点の塩沢《しおざわ》橋では、右にニジュウタキ尾根を経て、後山を越え、ヨモギ尾根を登って、雲取山近くのヨモギノ頭まで行くことが出来る（難路）。

さて、林道をさらに奥に行くと、ようやく、青岩谷《あおいわだに》の出会い付近の地点に着く。

4～5台の駐車スペースがあり、マイカーも来ているようだ。なお、ここまでタクシーは入らない。

ここから下に降り、橋を渡って、一部に崩壊地がある山腹の道を行く。

次第に谷の瀬音が大きくなって来ると、

三条の湯は近い。

キャンプ場を見て、橋を渡った先を登ると三条の湯である。三条谷にへばりつくように建っており、風呂場は谷に少し降りた所だ。

シカが傷を癒していたの見て、猟師が掘ったというういわれのある温泉だ。戦国時代には武田信玄の隠し湯だったそうだ。

翌朝、小屋の西横の道標に従って、登山道に入り、北天《ほくてん》ノタルに向けて登る。

前半分は心臓もはみ出すくらいの厳しい登りが続く。

中尾根の途中から、左に巻くようになると道も緩やかになり、カンバ谷の源頭を横切り孫左衛門《まござえもん》尾根を登るようになると、再び、急登になる。

頑張って登って行くと、上の縦走路が近づき、合流する所が北天ノタルの鞍部である。

ここから、南山腹につけられた縦走路を西へ行く。

所々に架けられた桟道を注意して通過して、小尾根を巻くと石の祠の飛竜権現に着く。

飛竜山は石祠のすぐ先の分岐を北に行く。倒木があったりして道が不明な所があるので、しばらく、慎重に行く。

やがて、道もはっきりしてシャクナゲが多い樹林の中を進む。ちょっとした平坦地を過ぎて、その先の樹林の端に台のような山頂がある。

三等三角点が立っており、南面が開いて大菩薩連嶺が見える。そばに山梨百名山の標識柱がある。

三条の湯

　元の道を飛竜権現まで戻る。西へ5分ほど行くと展望がよい禿岩《はげ》があるので、下山の前に立ち寄ってみたい。

　奥秩父連峰の中心甲武信ヶ岳《こぶしがだけ》や国師ケ岳《こくしがだけ》が一望出来る。さらに奥に八ガ岳連峰が光って見える。

　さて、元の分岐に戻り、一旦下って登り返して、前飛竜の岩峰に立つ。展望が先ほどの禿岩と同じくらいよい。

　すぐ下の岩のピークで、右に岩岳《いわたけ》尾根を分け、いよいよ、左のミカサ尾根の急下降道に足を踏み出す。

　足や膝をかばいながら下り切り、緩やかになった尾根道をほっとしながら、熊倉山《くまくらやま》（標高1626メートル）を越え、樹林の中をサオラ峠（竿裏峠）に出る。

　真っすぐ行くと、丹波天平《たばでんでろ》、保之瀬天平《ほのせでんでろ》

を経て親川《おやがわ》バス停に出る。かつては広大なカヤトの原で、ワラビも大群生していたが、マツなどが植林され、平凡な樹林の道になってしまった。

丹波バス停へは、右の斜面を急下降する。ここもきつい下りである。ケガなどしないように注意して下る。

青梅街道に出て、少し左へ行くとバス停がある。

温泉好きの方やバスの時間待ちが長い時は、少し先の丹波山村営温泉「のめこい湯」に入るのもよい。

▼行程：（一日目）ＪＲ青梅線奥多摩駅＝西東京バス・41分＝お祭→後山林道・3時間→林道終点→青岩谷橋→30分→三条の湯温泉（宿泊）（二日目）三条の湯温泉→2時間20分→北天ノタル→40分→飛竜権現→飛竜山→往復（40分）→30分→前飛竜→1時間→熊倉山→50分→サラオ峠→1時間20分→丹波＝西東京バス・55分＝ＪＲ青梅線奥多摩駅
▼地図：国土地理院発行地形図2・5万分の1雲取山、丹波
▼問合せ：奥多摩町役場観光産業課0248-83-2112、奥多摩町観光協会0428-83-2152、丹波山村役場振興課0428-88-0211、丹波山村観光協会0428-88-0211、三条の湯温泉0428-88-0616、丹波山温泉「のめこい湯」0428-88-0026、西東京バス氷川車庫0428-83-2126
【思い出記録】

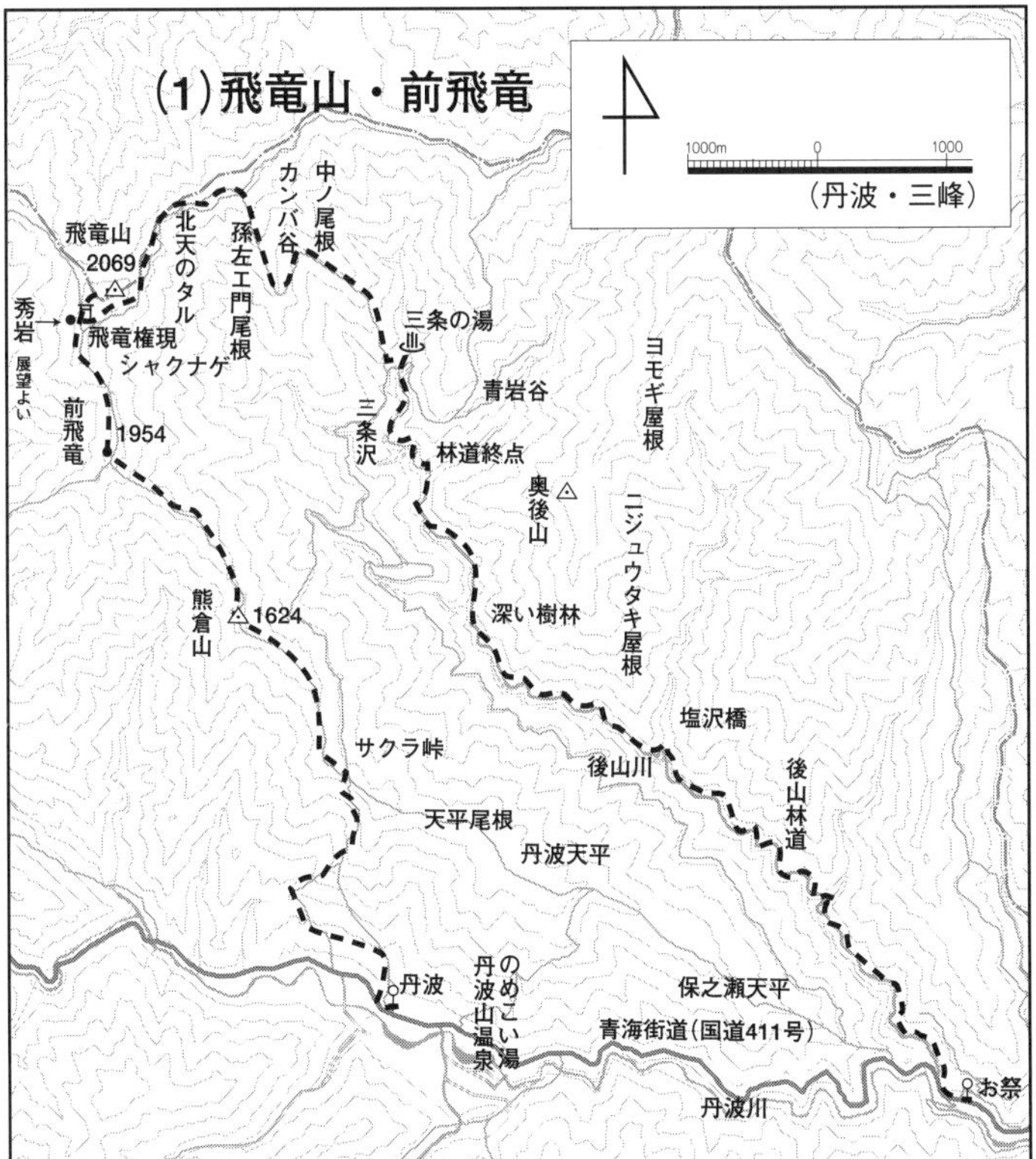
(1)飛竜山・前飛竜
1000m
0
1000
(丹波・三峰)
中ノ尾根
カンバ谷
飛竜山
2069
北天のタル
孫左エ門尾根
秀岩
展望よい
飛竜権現
シャクナゲ
三条の湯
ヨモギ屋根
青岩谷
三条沢
前飛竜
1954
林道終点
奥後山
ニジュウタキ屋根
深い樹林
熊倉山
1624
塩沢橋
サクラ峠
後山川
後山林道
天平尾根
丹波天平
丹波
のめこい湯
丹波山温泉
保之瀬天平
青海街道(国道411号)
お祭
丹波川

☆☆――歩程▼約5時間10分

(2) 笠取山《かさとりやま》――多摩川がここから始まる

【地図22頁】

東京の母なる川多摩川が、この笠取山（標高1953メートル）の山頂直下の岩盤（水干《みずひ》）から滴り落ちた水から始まり、延々138キロ流れ東京湾に入る。山頂付近はアズマシャクナゲの群生地で、初夏には淡い赤の花で染まる。山名の由来は、その昔、山林を見回りに来た甲州と武州の役人が菅笠を取り合って挨拶したということによる。

《ガイド》

JR中央線塩山《えんざん》駅からタクシーで一ノ瀬の犬切《いぬきり》峠を越えて、作場平《さくばだいら》橋まで行く。

橋の横に大きな案内看板があり、笠取山山域の全体図が記載してある。今日のコースを図で確認してから、登ることにしよう。

本谷《ほんだに》川に沿って、延びるカラマツ林の中の道を行く。

チョリチョリと聞こえるメボソの鳴く声を聞きながら、爽やかな林間コースをのんびりと歩く。

ヤブ沢分岐で左のヤブ沢に沿う道を行く。木橋を渡り山腹の道を登って行くと尾根に着く。左から広々とした林道（水源林巡視路の斎木林道）が登って来ている。ここがヤブ沢峠である。

林道を右へ歩き、笠取小屋に行く。この林道はヤブ沢ノ頭を東に巻いている。

高原を吹く風に当たりながら行くと、ほどなく、笠取小屋に着く。何人かの先客が小屋前のベンチで休憩している。小屋の横には瀟洒なトイレがある。

まず、多摩川の水源地である水干に行く。小屋の右横の道を行き、すぐに防火帯の広い道に合流する。ここは初夏から初秋にかけてお花畑になる。コウリンカやシモツケソウが目立つ。

雁峠《がん》分岐の先に小ピークがあり、分水嶺（荒川、富士川、多摩川）の表示がしてある石柱がある。この先の笠取山分岐で右の山腹に巻く道に入り、20分ほどでガレ場に出る。大きな岩から水滴が滴り落ちている。ここが多摩川の始まりの水干である。水神社はこの上にある。笠取山へは、この先へ行き、張り出した小尾根を左に登る。急登であるが長くなく、岩場でシャクナゲの中をかき分けるように行くと山頂に出る。展望はもう少し西の岩上がよい。

下山は西面の、下手をすると転げ落ちそうな急斜面を草木につかまりながら下る。

笠取小屋に戻り、今度は左の一休坂《いっきゅうざか》経由で、一休十文字の分岐を通り、作場平橋

笠取山（分嶺）／平山洋子

に戻る。

▼行程：ＪＲ中央線塩山駅＝タクシー・40分＝一ノ瀬高原作場平橋↓40分↓ヤブ沢分岐↓50分↓ヤブ沢峠↓30分↓笠取小屋↓20分↓雁峠分岐↓30分↓水干↓20分↓笠取山↓30分↓雁峠分岐↓15分↓笠取小屋↓45分↓一休十文字↓5分↓ヤブ沢分岐↓25分↓一ノ瀬高原作場平橋＝タクシー・40分＝ＪＲ中央線塩山駅

▼地図：国土地理院発行地形図２・５万分の１柳沢峠、雁坂峠

▼問合せ：塩山市役所商工課０５５３-32-２１１１、塩山タクシー０５５３-32-３２００、峡東タクシー０５５３-33-３１２０、笠取小屋０５５３-34-２０５８

【思い出記録】

☆☆☆――歩程▼約6時間30分

(3)唐松尾山《からまつおやま》――多摩川流域の最高峰を誇る山

【地図22頁】

唐松尾山（標高2109メートル《ー》）は飛竜山の西に連なる奥秩父主稜縦走路の中にあり、屋根型の大きな山容で聳えている。途中、爽やかな高原を通過して山頂をめざす。

山の名は文字どおり、山腹や尾根筋にカラマツが多く生育していたからだという。

今も山頂付近には天然のカラマツの大木が目立つ。

《ガイド》

ＪＲ中央線塩山駅からタクシーで三ノ瀬まで入る。マイカーの場合もここまで入る。

朝日谷に沿った、幅２メートルほどの幅広い林道を登る。

道端には季節の山野草が見られる。秋は、少し森に入るとハナイグチなどのキノコが採れる。

朝日谷を渡り、牛王院《ごおういん》下の少し先で、左に七ツ石尾根を登る道（牛王院平に直登する道。一部に薮が深いが道形はしっかりしている）を見送り、右手の将監《しょうげん》峠に通じる林道を行く。中間点のムジナの巣の水場で水を補給し、さらに上へ行く。

沢（ダテノ沢）を横切り1キロほど行くと、将監小屋に出る。

将監小屋は4月下旬から11月下旬、及び年末年始に営業している。素泊まりも可である。

この辺りの将監峠や牛王院平は広々とした爽やかな高原であり、深山の雰囲気が漂う高原でもある。将監小屋を基地にして、唐松尾山、和名倉山《わなくらやま》、飛竜山に足を延ばすのもよい。

さて、将監小屋から一投足で将監峠に出る。眼前に西仙波《せんば》や東仙波の2000メートル級の山々が聳えている。

縦走路を左に行き、牛王院平で七ツ石尾根から来た道（下山に使う）を合わせ、山《やま》ノ神土《のかんど》の分岐点に出る。ここから左には山腹の道を経て笠取山へ、右は西仙波、東仙波を経て和名倉山への道が分岐している。

中央の唐松尾山への道を登る。カラマツの巨木の中を行き、山腹をからめながら登る。ガレ場を通過して御殿《ごてん》岩分岐に出る。ここから、展望のよい御殿岩に登ってもよい（往復25分、ガレ場あり）。

唐松尾山へはさらにガレ場を通り、尾根へ出ると、ほどなく山頂だ。シャクナゲが多い。展望は得られない。

帰途は元に戻り、牛王院平で、七ツ石尾根を下り、三ノ瀬集落に帰着する。

(3)唐松尾山

中央が唐松尾山

▼行程：ＪＲ中央線塩山塩山駅＝タクシー1時間＝三ノ瀬→1時間→ムジナの巣→1時間→将監小屋→3分→将監峠→10分→牛王院平→10分→山ノ神土→30分→御殿岩分岐→40分→唐松尾山→35分→御殿岩分岐→30分→山ノ神土→10分→牛王院→1時間20分→牛王院下→20分→三ノ瀬＝タクシー1時間＝ＪＲ中央線塩山駅

▼地図：国土地理院発行地形図２・５万分の１柳沢峠

▼問合せ：塩山市役所商工課０５５３-32-２１１１、塩山タクシー０５５３-32-３２００、峡東タクシー０５５３-33-３１２０

【思い出記録】

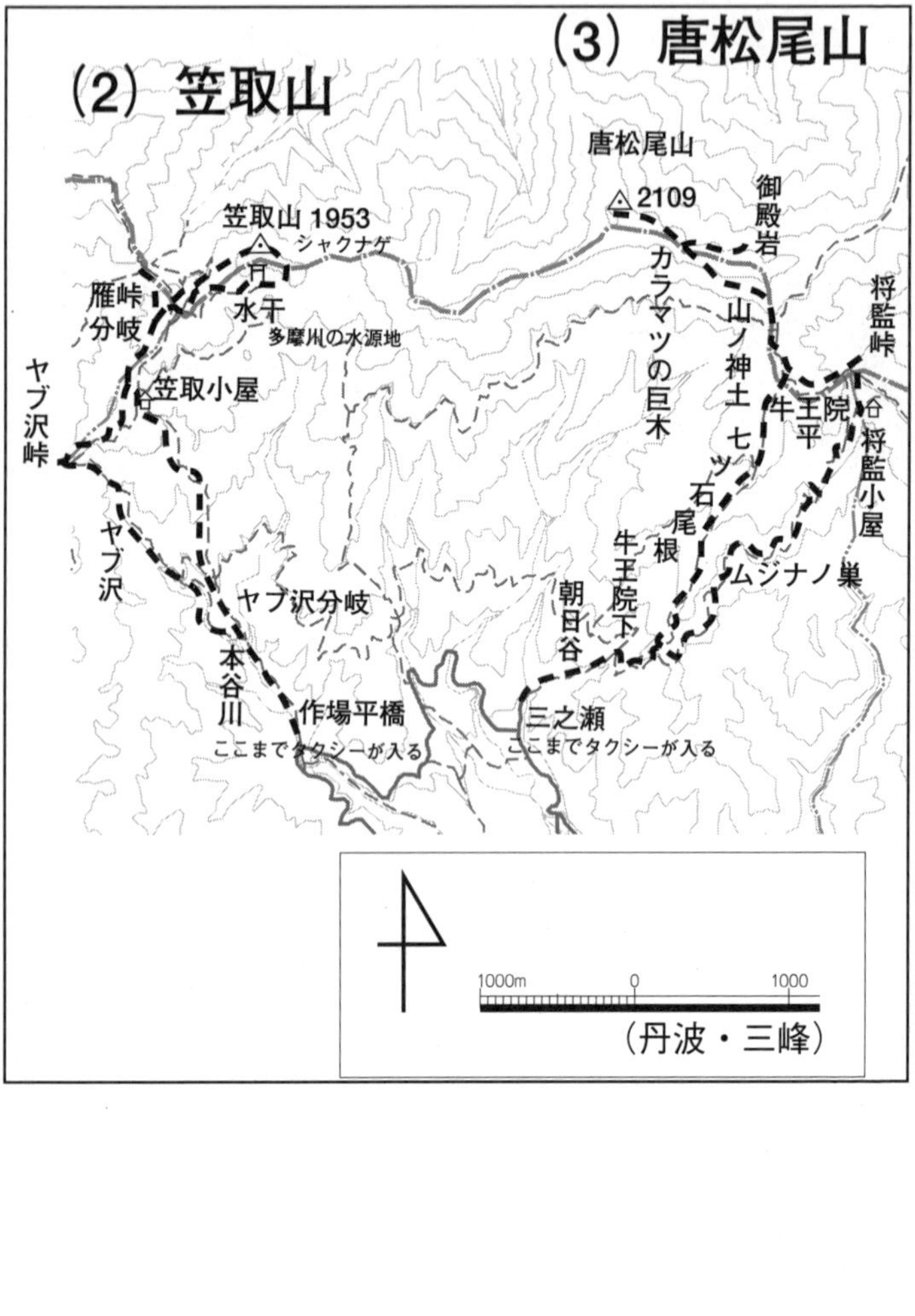
(3) 唐松尾山
(2) 笠取山
唐松尾山
2109
御殿岩
笠取山 1953
シャクナゲ
カラマツの巨木
山ノ神土
将監峠
雁峠分岐
水干
多摩川の水源地
ヤブ沢峠
笠取小屋
牛王院平
将監小屋
七ツ石尾根
ヤブ沢
牛王院下
ムジナノ巣
ヤブ沢分岐
朝日谷
本谷川
作場平橋
ここまでタクシーが入る
三之瀬
ここまでタクシーが入る
1000m
0
1000
(丹波・三峰)

☆――歩程▼約3時間45分

（4）ハンゼの頭《はんぜのかしら》――レンゲツツジの名所三窪高原の中心

【地図34頁】

青梅街道柳沢《やなぎさわ》峠付近の三窪《みくぼ》高原（三つの窪地がある高原）はレンゲツツジやヤマツツジ、ドウダンツツジなどのツツジの名所である。6月中旬から下旬にかけて美しく咲きそろう。その中心にあるピークがハンゼの頭（標高１６８０メートル、近くのハンゼ沢水源のピークの意味）である。高原一帯は新緑や紅葉の時期も美しい。

《ガイド》

ＪＲ中央線塩山駅からタクシーで青梅街道（国道４１１号）を東に走る。裂石《さけいし》（大菩薩峠の登山口）を過ぎてからはヘアピンカーブが続く厳しい道を登り、柳沢峠（標高１４７２メートル）に着く。ここまで30分ほどである。

ドライブインの裏の駐車場から始まる三

窪高原への道を登る。すぐ先で、尾根を登る旧道を見送り、新しく出来た歩きやすい道を行く。

尾根の南面を巻きながら緩やかに登り、柳沢ノ頭（標高1671・2メートル）に着く。三窪高原へは尾根通しの道を下り、旧道分岐を過ぎて、少し登り返すと高原に出て、ハンゼの頭に間もなく着く。

三窪高原の最高峰で展望は優れ、とくに、高原の向こうに際立って見える富士山は迫力がある。

高原にはレンゲツツジ、ドウダンツツジやズミ（コナシ）などが咲きそろい、初夏の高原を華やいだものにしている。

時折吹く爽やかな風が頬に心地よい。

ハンゼの頭からさらに北に行く。少し下った所にある硯石《すずりいし》の窪地には休憩舎もあり、毎年6月中旬開催のツツジ祭りはここで行われる。

NTTの無線中継所を過ぎ、さらに尾根通しに行く。先ほどの賑わいとは対照的にしーんと静まり返った静寂な雰囲気が漂う。道は踏み跡程度であるが迷うことはない。

尾根をはずさないように歩くと、間もなく板橋《いたばし》峠に出る。西側が深静峡《しんせいきょう》という別荘地である。バブルもはじけて買い手もつかず荒れている区画が多い。

なんでも軽井沢と気候も同じで、避暑地として最高ということで開発したと聞く。

ここから柳沢峠まで樹林の中の斉木《さいき》林道を戻る。新緑や紅葉の時期は息を呑むほど美しい森を眺めながら柳沢峠に戻る。帰路もタクシーで塩山駅に戻る。

(4)ハンゼの頭

ハンゼの頭から無線中継所を経て尾根伝いに北へ／多摩らいふ倶楽部事務局

▼行程：JR中央線塩山駅＝タクシー・30分＝柳沢峠↓45分↓柳沢ノ頭↓15分↓休憩舎↓15分↓ハンゼの頭↓50分↓板橋峠↓斉木林道1時間40分↓柳沢峠＝タクシー・30分＝JR中央線塩山駅（マイカーを柳沢峠の駐車場に留めて一周するのもよい）。※タクシー料金は約6000円。なお、柳沢峠からの帰路は予約をしておいた方がよい。

▼地図：国土地理院発行地形図2・5万分の1柳沢峠

▼問合せ：塩山市役所商工観光課0553-32-2111、塩山タクシー0553-32-3200、峡東タクシー0553-33-3120

【思い出記録】

☆☆——歩程▼約3時間30分

(5)黒川山《くろかわやま》・鶏冠山《けいかんざん》——切り立った岩峰と黒川金山跡がある山

【地図34頁】

多摩川の水源林の中にある山々。

黒川山（標高1716メートル）は黒川谷の奥にある山。鶏冠山（標高1710メートル）は丹波山村あたりからはトサカの形に見える。

戦国時代、黒川山の山麓には武田信玄の隠し金山（黒川金山）があった。

黒川山展望台からは奥秩父の山々、富士山、大菩薩嶺が展望出来る。

《ガイド》

JR中央線塩山駅からタクシーで柳沢峠まで来る。〔(4)ハンゼの頭のコース参照〕

ドライブインや広い駐車場、立派なトイレがある所から、道路を挟んで反対側の石段を登る。

最初、スズタケが密集している坂を登るが、すぐにミズナラやブナの森の中の緩やかな道になる。水源林巡視路にもなっている歩きやすい道を新鮮な空気を胸一杯に吸い込みながら歩く。

ざわざわと木の葉を揺らしながら吹く風の音と野鳥のさえずりがシンホニーのように耳に心地よい。

いくつもの尾根と谷を回り込んで着く六《ろっ》本木《ぽんぎ》峠は、北の方に展望が開け、唐松尾山《からまつおやま》、飛竜山《ひりゅうざん》などの山々が連なっているのが見える。ここから右に丸川《まるかわ》峠、大菩薩嶺《だいぼさつれい》への道が分岐している。

黒川山、鶏冠山へは直進する道に入る。相変わらず緩やかな道である。しばらくして、車道幅の林道（黒川谷へ入る林道、一般車進入禁止）を通過し、横手峠（道標では横手山峠）で黒川谷の金山跡方面への道を見送り、尾根筋に沿った道を行く。間もなく山腹を登る道になり、次第に高度を上げて行く。途中で休憩にもってこいの大菩薩嶺や富士山が見える場所が2カ所ほどある。

山頂真下にある道標に従い、左の道に入り展望台へ向かう。尾根道を5分も行くと小岩があり、登ってみると視界がぱっと開ける。

ここが黒川山展望台で、その名に恥じず、奥秩父の山並みや富士山、大菩薩嶺が見渡せる。

展望を楽しんだあとは元に戻り、三等三角点のある黒川山頂を踏んで、鶏冠山に向かう。

落合への分岐を過ぎ、目の前の尾根を左から回り込む。この先は岩場につけられた狭い道を十分に注意して通過する。コイワカガミの群落があちこちにある。初夏には

鶏冠山の山頂にある祠

薄い赤色の小花をたくさん咲かせ、暗い岩の間を明るくする。

岩峰の山頂には山梨百名山の標柱が立っており、鶏冠神社（山麓の落合集落にある神社）奥の院の小祠がある。ここも展望がよく、秀麗な形をした大菩薩嶺や奥多摩の山々が雄大に見える。山頂の西側がスパッと100メートルほど切れ落ちており、覗き込むと吸い寄せられる気がして怖い。小銭を奉納し山行の安全を願い、落合分岐まで戻る。

ここから北側の深い鬱蒼とした森林の中を下る。所々にギンリョウソウの白いキセルの雁首のような花が目につく。ヤマトリカブトの澄んだ青色の花も咲いている。横手（山）峠へ戻る道を見送り、右の急坂を下る。ジグザグを数回繰り返し左に大きく曲がると、サラサラとした川の音がする。

水を飲んでみるとほのかに甘い。文字どおり甘露な水である。

カラマツが次第に多くなり、人里が近くなる。樹林を抜けると3軒ほどの人家がある平坦地に着く。廃校になった小学校（塩山市立神金二小）を過ぎ、落合川を渡ると青梅街道に出る。マイカーを柳沢峠に駐車している人は5キロほど車道を歩いて戻ることになる。タクシーは塩山から呼ぶ（要予約）。

なお、黒川金山跡への道は平成13年に整備され容易に行けるようになった。横手峠から黒川山、鶏冠山の南山麓を回り込む道か、青梅街道の三条新橋から黒川谷沿いの道を遡って行く道である。なお、青梅街道の一ノ瀬川と柳沢川の合流付近に金山の閉山の際に秘密を守るため、おいらんを吊り橋から落としたという悲話が伝わる「おいらん淵」がある。角塔婆が立っており、観光客の供える献花や線香が今も絶えない。

▼行程：JR中央線塩山駅＝タクシー・30分＝柳沢峠→40分→六本木峠→15分→三本木峠20分→横手（山）峠→40分→黒川山三角点峰下→展望台（往復10分）→5分→落合分岐→鶏冠山往復（20分）→ハンノキ尾根経由1時間→落合＝タクシー・40分＝JR中央線塩山駅。なお、この山域はバスがないのでタクシーかマイカーになる。

▼地図：国土地理院発行地形図2・5万分の1柳沢峠

▼問合せ：塩山市役所商工観光課0553-32-2111、塩山タクシー0553-32-3200、峡東タクシー0553-33-3120

【思い出記録】

☆☆（裂石《さけいし》から歩くと☆☆☆）――歩程▼約4時間30分（裂石から歩くと7時間）

(6) 大菩薩嶺《だいぼさつれい》・雷岩《かみなりいわ》――岩の稜線からは雄大な展望が

【地図34頁】

岩交じりの稜線は日本アルプスにまさるとも劣らない景観。大菩薩峠は、盲目の剣士机龍之介《つくえりゅうのすけ》の生涯を描いた中里介山《なかざとかいざん》の小説でも有名。大菩薩嶺（標高2057メートル《メートル》）はシラビソなどの樹林の中にあり展望はないが静寂で雰囲気がよい。雷岩（標高2045メートル《メートル》）は大菩薩嶺の手前にある岩峰で富士山や南アルプスなどの展望がすばらしい。

《ガイド》

ＪＲ中央線塩山駅からタクシーで福ちゃん荘まで上がる。カラマツの林に囲まれた福ちゃん荘は登山前進基地のようである。タクシーが何台もやってきて登山客を降ろしては慌ただしく戻って行く。福ちゃん荘の水道から勢いよくほとばしる冷たい水を水筒に入れ、大菩薩嶺に向けスタートする。

車道幅の緩やかな道を歩き、富士見山荘、勝縁荘《しょうえんそう》を右手に見て、少し急になった登山道を登る。水場を過ぎ、枝尾根を大きく曲がり込むと左手奥に介山荘が小さく見える。ここから一息で峠に着く。峠はいつも大勢の人で賑わっている。大菩薩峠と記した大きな標識柱の前で記念写真を撮っている人も多い。峠から右に分岐している道は山梨県の丹波山村《たばやまむら》や小菅村《こすげむら》方面への道である。

目指す稜線は草原と岩が織りなす森林限界地帯の様相である。抜けるような空のもとで、あくまでも明るい。さわやかな風の中を親不知ノ頭《おやしらずのあたま》、賽の河原《さいのかわら》を過ぎ、妙見ノ頭《みょうけんのあたま》を巻いて行くと岩のピークにたどり着く。最初が神成《かみなり》岩で、その先に雷岩がある。展望がよく、富士山や南アルプスが手に取るように見える。吹き上がってくる涼しい風の中で展望を楽しんでいる人が多い。独立峰としての価値が十分にある。

大菩薩嶺は雷岩を下り、樹林の中を登り返した所にある静寂な嶺である。残念ながら展望はない。たいていの登山者は雷岩近くまで戻り、唐松尾根から福ちゃん荘に出るが、今回は大菩薩嶺の北側の丸川峠に出てみよう。

山頂から北に延びる道を下り、北尾根の分岐（一ノタル）で大きく左に折れて山腹の道を下る。所々に急下降の道があるので注意しながら下る。

コメツガやモミなどの樹林が鬱蒼と茂っており、先ほどの稜線の明るさはない。多摩川源流一帯の原生林が黒々と広がる。時折展望が開ける中を高度を下げて行くと、

大菩薩嶺へ続く尾根／新藤征吾

やがて、草原の上に出る。右を巻きながら下る道もあるが、左の草原の中を直下降する道をロープを伝いながら下ると、丸川峠に出る。

峠には、いかにも山小屋らしい、まるかわ荘が山野草に埋もれるように建っている。日程に余裕があれば泊まってみたい山荘である。

周囲は夏から初秋にかけてヤナギラン、オオバノギボウシ、コウリンカ、クルマユリ、ミヤマシシウドなどの高山植物が咲き乱れる所だ。南に富士山も大きく聳えている。

なお、ここは四辻になっており、直進道が柳沢峠まで緩やかで歩きやすい道（約8キロ）でつながっている。右へは牛首谷《うしくびだに》、泉水谷《せんすいだに》を経由して青梅街道に出ることが出来る（約10キロ）。多摩川の水源林にもなっている、しっとりとした深い森林（カラマツ、ミズナラ、コメツガ、モミなど）を歩くのもなかなか趣がある。ただ、降りたあとは交通機関がないので、タクシーを呼ぶか、長い車道歩きを余儀なくされる。

さて、左の裂石《さけいし》への道を下ろう。一部に急下降のある尾根道をひたすら下る。道標も要所にあり、迷うことはない。車道に出たあとは、裂石バス停までは20分ほどである。なお、近くに武田信玄ゆかりの古刹雲峰寺《うんぽうじ》がある。時間があったら寄ってみたい所だ。

なお、大菩薩嶺登山に路線バスを使う場合は、終点の裂石から車道を登り、この丸川峠分岐を通り過ぎ、途中から右の千石《せんごく》茶屋経由の旧登山道を登る。近年、人が入らなくなったので一部に荒れた箇所もあるが、道標もあり、迷うことはない。最後は上日川峠の駐車場の角に出る。（裂石〜福ちゃん荘・約2時間30分）

▼行程：JR中央線塩山駅＝タクシー・40分＝福ちゃん荘→1時間→大菩薩峠→40分→雷岩→10分→大菩薩嶺→1時間→丸川峠→1時間20分→丸川峠入口→20分→裂石＝バス（山梨貸し切りバス・27分）＝JR中央線塩山駅

▼地図：国土地理院発行地形図2・5万分の1大菩薩峠、柳沢峠

▼問合せ：塩山市役所商工観光課0553-32-2111、塩山タクシー0553-32-3200、峡東タクシー0553-33-3120、福ちゃん荘0553-33-4639

【思い出記録】

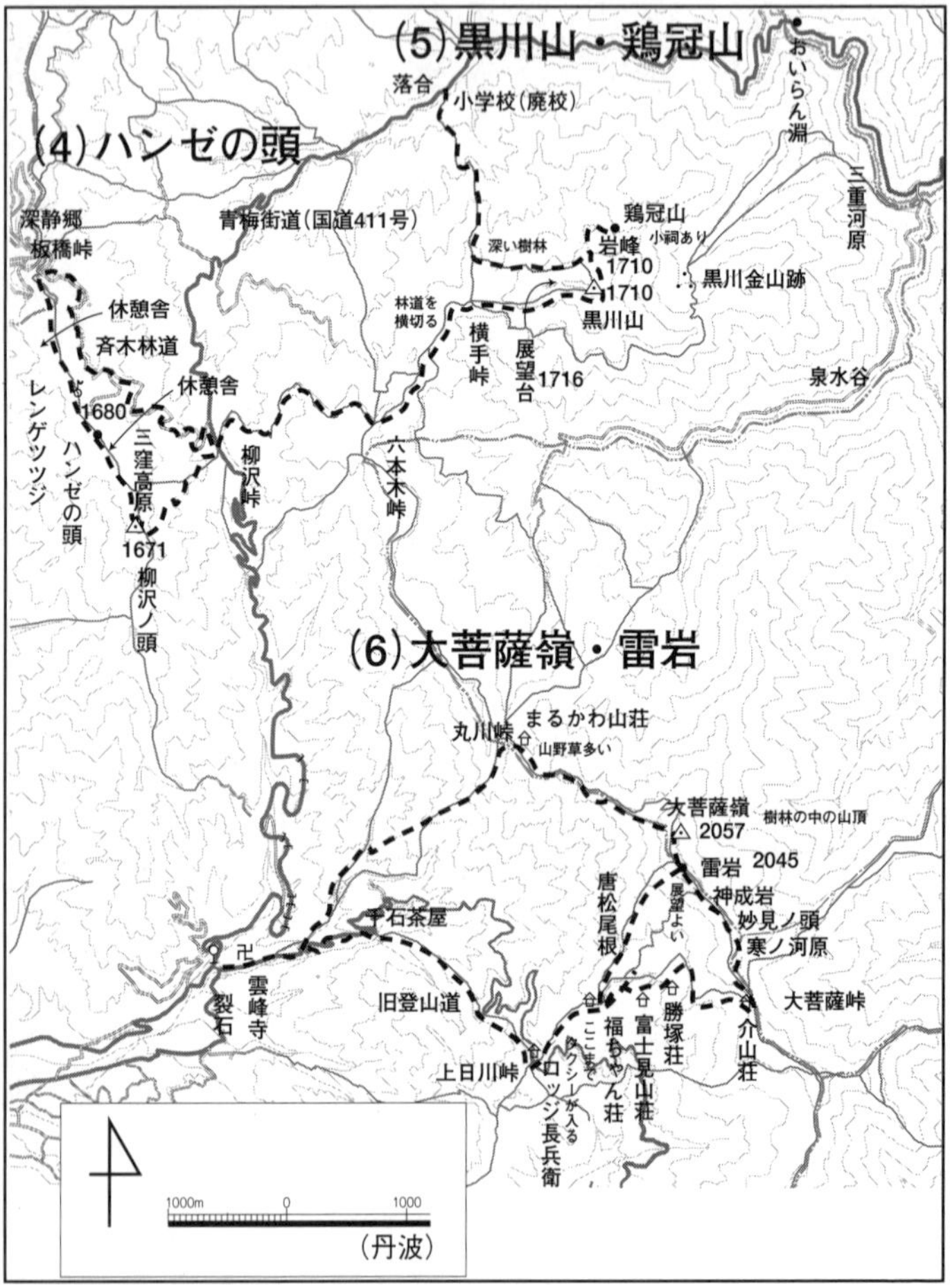

(5)黒川山・鶏冠山
おいらん淵
落合
小学校(廃校)
(4)ハンゼの頭
三重河原
深静郷
板橋峠
青梅街道(国道411号)
鶏冠山
岩峰
小祠あり
深い樹林
1710
黒川金山跡
1710
休憩舎
林道を横切る
黒川山
斉木林道
横手峠
展望台
1716
泉水谷
休憩舎
レンゲツツジ
1680
三窪高原
柳沢峠
六本木峠
ハンゼの頭
1671
柳沢ノ頭
(6)大菩薩嶺・雷岩
丸川峠
まるかわ山荘
山野草多い
大菩薩嶺
樹林の中の山頂
2057
雷岩
2045
唐松尾根
展望よい
神成岩
妙見ノ頭
千石茶屋
寒ノ河原
裂石
雲峰寺
旧登山道
勝塚荘
富士見山荘
福ちゃん荘
ここまでタクシーが入る
介山荘
大菩薩峠
上日川峠
ロッジ長兵衛
1000m
0
1000
(丹波)

☆☆――歩程▼約5時間

(7)鹿倉山《ししくらやま》・大寺山《おおでらやま》――静かな尾根道を歩く

【地図42頁】

多摩川源流域の山梨県丹波川《たばがわ》と小菅川《こすげがわ》の間に連なる約10キロほどの尾根が鹿倉尾根である。その盟主が鹿倉山（標高１２８８メートル）である。鹿や猪などの獣が多かったので、この名がついたという（昔は猪や鹿をししといった）。自然林も多く、樹林の間の尾根歩きが楽しい。末端の大寺山（標高９８２メートル）には大きな仏舎利塔が建っている。

《ガイド》

ＪＲ青梅線奥多摩駅から西東京バスに乗り、丹波山村役場前で下車。役場の前を通り、５００メートルほど行った分岐で左の道に入る。角に鹿倉山への古びた道標がある。

山芋やタラノメなどが栽培されている畠の中を通り、山の端を大きく右に曲がるとマリコ沢に出る。重機などが置かれた箇所や養魚場（今は休業中）を通り、谷沿いの道を登る。春はスミレのたぐい、夏は朱色のフシグロセンノウなどが目立ち、秋はツリフネソウが咲き乱れる道である。ワサビ田を右に見て、背丈ほどに伸びたヒノキやスギの植林地の中をジグザグに登る。傾斜が緩やかになると大丹波峠《おおたば》の鞍部に着く。振り返ると飛竜山《ひりゅうざん》が大きく聳えて見える。横に土を盛ったような丘がある。八王子に落ち延びた武田信玄の六女松姫に関係ある塚という説もある。

峠からは左へ樹林の中を行く。次第に傾斜を増していく坂をあえぎながら登る。カラマツが多くなる頃、主尾根の末端に乗る。

このあたり、秋にはハナイグチ、ヌメリイグチやクリタケなどのキノコが多い樹林である。

鹿倉山は右へ尾根道を行き、ピークを二つほど越えた先にある。途中に樹木が切れて大菩薩連嶺や黒川山《くろかわやま》、鶏冠山《けいかんざん》などを俯瞰できる場所がある。この道にも春から秋にかけて様々な山野草が咲く。

鹿倉山頂はカラマツやモミの樹木に囲まれた静かな山頂である。小鳥が実を運んだのか、シラカバが1本だけモミの林の横に立っている。角が欠けた三等三角点がかなり土に埋もれながら立っている。

南の方の一部が刈り払われ、大菩薩連嶺から派生している牛ノ寝《うしのね》通りの山々が見える。鹿倉尾根歩きの本番はこれからで、ミズナラ、コナラなどの自然林の森の中を木漏れ日を浴びながら行く。

この辺りもクリタケなどキノコの多い所だ。平成14年11月の多摩らいふ倶楽部の山

霧の中の鹿倉山山頂

行では、両手に持ち切れないほどの大収穫であった。

太いシラカバが林立している林を過ぎ、ピーク（大マトイ山）をいつの間にか過ぎ、アカマツの多い山域に入ると、鴨沢《かもさわ》への道が分岐する大成峠《おおなりとうげ》に出る。

ここから一投足で巨大な仏舎利塔（日本山妙法寺が建立）が建っている広い平坦地に着く。真っ青な空に真っ白な塔が映える。

ここが大寺山頂で、かつてここに、山寺があった所だ。東から工事用の車道が登って来ている（一般車通行禁止）。小菅村の余沢《よさわ》バス停まで4キロほどあるが、緩やかな道なので、エスケープ道として使用出来る。

展望は周囲の樹木が育ち、以前ほどの360度のパノラマは望むべくもないが、それでも三頭山《みとうさん》や深緑の奥多摩湖を垣間見ることが出来る。

　下山は東の尾根を下り、奥多摩湖畔、深山橋《みやまばし》たもとの陣屋《じんや》バス停に下ることにしよう。入口には道標がないので木に巻きつけた赤いビニールテープを目印にして、下山道に入る。いきなりの急下降で植林地の中を下り、岩が露出した痩せ尾根を慎重に通り、小ピークをいくつか登り下りしながら高度を下げる。

　最後の急斜面のジグザグ道を膝をかばいながら下ると、ダム沿いの周遊道に出る。右に折れ、わずかで蕎麦店陣屋の横のバス停に出る。茶店が2軒と清潔なトイレもある。ただ、ここは小菅からのバスが通るだけなので、本数が少ない。深山橋を渡った先の深山橋バス停の方が鴨沢や丹波山からのバスが来るので本数が多い。

▼行程：JR青梅線奥多摩駅＝西東京バス・55分＝役場前→20分→マリコ川→1時間→大丹波峠→1時間20分→鹿倉山→1時間30分→大成峠（鴨沢分岐）→5分→大寺山→50分→陣屋バス停＝西東京バス・30分＝JR青梅線奥多摩駅
▼地図：国土地理院発行地形図2・5万分の1丹波、奥多摩
▼問合せ：丹波山村役場振興課0428-88-0211、丹波山村観光協会0428-88-0211、小菅村役場振興課0428-87-0111、小菅村観光協会0428-87-0741、奥多摩町役場観光産業課0428-83-2112、奥多摩町観光協会0428-83-2152、西東京バス氷川車庫0428-83-2126

【思い出記録】

☆――歩程▼約1時間50分

(8)奈良倉山《ならくらやま》――松姫峠から登る小菅の名山

【地図42頁】

　武田信玄の六女、松姫《まつひめ》一行が八王子へ落ち延びたときに、通ったと言われる道の中に奈良倉山（標高1349メートル）のピークがある。大菩薩連嶺《だいぼさつれんれい》から派生している牛ノ寝《うしのね》通り尾根の末端にあるこの山域には、昭和50年代に小菅《こすげ》から松姫峠を越え大月《おおつき》へ抜ける車道が開通して、遠くて深い山が手軽に登ることが出来るようになった。

《ガイド》

　この山域はバスの停留所からかなり車道を歩くので、マイカーで入る方がよい。青梅街道（国道４１１号）を西に行き、奥多摩湖畔の深山橋で左折。国道１３９号の山梨県小菅方面の道を行く。

　余沢《よさわ》で左折、原始村《げんしむら》経由で大月への山越えの道に入る。ヘアピンカーブをいくつも曲がりながら標高を上げて行く。尾根に上がると平坦な高原状になる。ここが松姫峠である。

道路を造った時、この峠の名称をいろいろと考えたそうだが、結局、松姫がこの尾根を通ったという伝承にあやかり、松姫峠と命名したと聞く。

峠から左に車道幅の林道を行く。ミズナラやカラマツなどが茂る気持ちのよい道である。緑のトンネルを木漏れ日を浴びながら歩く。ツツドリやホトトギスの鳴く声が耳に快い。ほどなく道は尾根の南側を行くようになる。展望が開け、葛野川《かずのがわ》源流一帯が指呼の間に見える。

モミジイチゴの果実がいっぱいぶら下がっている。口に含むと甘酸っぱくおいしい。

途中に、北側の尾根を回り込んで山頂に至るコースがあるが、一部に藪が多いので見送り、少し先の尾根を左に登る。自然林を過ぎると、すぐに山頂だ。

南が刈り払われて展望が開ける。三等三角点が足元でひっそり立っている。静寂で雰囲気のよい山である。

帰路は南斜面の道を林道まで下り、元の道を戻り、松姫峠に帰る。

なお、バスを使う場合は、JR上野原駅から富士急山梨バスで飯尾《いいお》まで入り、4キロ車道を行き、長作観音《ながさくかんのん》脇から山道を1時間40分ほど登ると山頂に着く。

ただし、薮の深い道なので、山慣れた人と一緒に行ってほしい（小菅・余沢から鶴峠まで車道を歩き、そこから往復も可能）。なお、この山域を村営バスが巡回しているが、本数はいたって少ない。

⑻奈良倉山

奈良倉山――松姫峠付近の道路より望む

▼行程：マイカー利用の場合／小菅村余沢＝12㌔＝松姫峠↓20分↓尾根の南↓30分↓分岐↓10分↓奈良倉山↓10分↓南直下↓40分↓松姫峠

バス利用の場合／JR上野原駅＝富士急山梨バス55分＝飯尾↓1時間↓長作観音↓1時間40分↓奈良倉山（往復）

JR奥多摩駅＝西東京バス50分＝余沢↓1時間↓鶴峠↓1時間40分↓奈良倉山（往復）

▼地図：国土地理院発行地形図2・5万分の1七保

▼問合せ：小菅村役場（振興観光課）、0428-87-0111、小菅村観光協会0428-87-0741、西東京バス氷川車庫0428-83-2126、富士急山梨バス上野原営業所0554-63-1260

【思い出記録】

(7) 鹿倉山・大寺山
役場前
丹波山村役場
マリコ橋
養魚場(休業中)
丹波川
山野草多し
大丹波峠
1288
大マトイ山
鹿倉山
鴨沢
奥多摩湖
深山橋
急坂
陣屋
大成峠
982
大寺山
仏舎利塔あり
小菅村役場
余沢
小菅川
小菅川
原始村
1000m
0
1000
(丹波・五日市)
(8) 奈良倉山
牛ノ寝通り
鶴峠
松姫峠
タクシー,マイカーここまで入る
一部藪深い(要注意)
観音堂
1349
長作
奈良倉山

二、奥多摩湖の北側の山々

霧の七ツ石山／多摩らいふ倶楽部事務局

☆☆☆——歩程▼（1日目）約6時間（2日目）約8時間

(9) 雲取山《くもとりやま》・芋木ノドッケ《いもきのどっけ》・長沢山《ながさわやま》・天祖山《てんそざん》

——東京都最高峰から県境の長沢背稜を歩く

【地図54頁】

埼玉県、山梨県、東京都の3都県境に立つ雲取山（標高2017メートル）は言わずと知れた日本百名山（作家・登山家の故深田久弥選定）の一つ。江戸時代の地誌『新編武蔵風土記稿』でも、高く聳え雲も採れる山として紹介している。その北の日原谷の源流に連なる芋木ノドッケ（標高1946メートル）、長沢山（標高1738メートル）、天祖山（標高1723メートル）は縦走路や道標もしっかり整備されているが、奥深い山々のため登山者もあまり入らない静寂な山域である。

《ガイド》

JR青梅線奥多摩駅から西東京バスに乗り、奥多摩湖上流の鴨沢《かもざわ》まで行く。ここは埼玉県の三峰口《みつみねぐち》と並ぶ雲取登山の玄関口だ。

新雲取山荘／新藤征吾

人家の間の道を左へ行き、山腹の道を登る。翠《みどり》色の奥多摩湖面が眼下に見える。

左下に山小屋風の別荘を見て、少し行くと広い原っぱに出る。車道が右から登って来ている。この先、車道を直進して小袖乗《こそでのっ》越《こし》で左に道を分け、わずか先で、登り尾根の山腹を行く登山道に入る。

緩い傾斜の道は歩きやすい。スギやヒノキの植林地の中をのんびりと行く。廃屋を過ぎる頃から、次第に急坂になり、尾根に乗る。展望はあまりないが、それでも所々で右に赤指《あかざす》尾根や石《いし》尾根の一部が見える。

やがて、尾根上の平坦地に着く。昔、お堂があった所で、堂所《どうどこ》と呼ばれる場所だ。昭和30年代まで娯楽のない村人のために、七ツ石神社の例大祭に合わせ、半ば公認の賭博が開かれていた所だ。

ここから時折、急坂を交えながら尾根の西側に出て岩交じりの道を行く。右に七ツ石小屋への道を見送り、片倉谷《かたくらだに》源頭を渡る。その先の七ツ石尾根を乗越し、もう一つ、七ツ石小屋への分岐を見送り、一頑張りで平原状のブナ坂に着く。その名のとおりにブナの巨木がそこかしこに茂っている。

これからは幅広い防火帯（山火事の際に延焼を防ぐため刈り払われた場所）の道を登る。山野草が豊富な所であったが、増えたシカのため、ほとんど絶滅した。ただ、シカが食べないマルバタケブキだけが威勢よく繁殖している。夏季はこのマルバタケブキの黄色い花が実によく目立つ。広い平原のヘリポートや雲取奥多摩小屋を右に見て、いくつかのピークを越えて上へ行く。巻道が右についているので、そちらを行くのもよい。小雲取山《こくもとりやま》（山頂は縦走路から少し北に登った樹林の中にある）を経て最後の急斜面を登ると避難小屋のある雲取山頂に着く。

右奥に行くと一等三角点があり、ほぼ300度（北側の60度ほどがオオシラビソなどの樹林）の展望が得られる。さすが東京都の最高峰だけのことはある。富士山や南アルプス、飛竜山《ひりゅうざん》や和名倉山《わなくらやま》などの奥秩父東部の山々、三頭山《みとうさん》、御前山《ごぜんやま》など奥多摩の名山も、ぐるりと広がる。

展望を楽しんだあとは、北側の樹林の中を下り、今夜の宿である雲取山荘に急ごう。田部重吉《たなべじゅうきち》のレリーフがある岩のすぐ下に、新秩父産のスギをふんだんに使って建てた新雲取山荘が見える。

小屋の主、新井信太郎さんは雲取の主と

も言われる人で、雲取山に関した著作も数冊出している。

ここのトイレは分解菌を使った臭いの少ない新型である。

山荘の前からは東京の夜景も見える。空の上は宝石箱をばらまいたように星座がきらめく。

翌朝は早く起きて、長い長沢背稜《ながさわはいりょう》縦走にスタートしたい。

閉鎖した雲取ヒュッテの横を通り、尾根筋の男坂を下って大ダワに下る。日原《にっぱら》から の道（大ダワ林道）が右から登って来ている。ベンチがあって、峠らしい峠だ。

登り返して15分ほど行くと右へ芋木ノドッケ、長沢山への分岐がある。少し荒れた道であるが、道形ははっきりしている。岩交じりの尾根を登り、滑り落ちそうな急な山腹のジグザグ道を登ると、東京都第2位の標高を誇る芋木ノドッケの頂である。シラビソなどの樹木に囲まれ、残念ながら展望はまったくない。芋木はウコギ科のコシアブラのことであるが、針葉樹に負けて、今はこの山域にはほとんど見当たらない。

山頂を下り、白岩山《しらいわやま》や三峰《みつみね》方面への道を左に見送り、倒木の多い尾根の道を行く。岩が交じり始めると両脇にアズマシャクナゲが目立つようになる。北の秩父側に多い。6月頃には、そこかしこで白、赤や桃色の花を咲かせ、薄暗い尾根を照明を当てたように明るく彩る。

90度ほど曲がる所が柱谷ノ頭《はしらだにのかしら》であるが、表示もなくはっきりしない。

この先もアズマシャクナゲが多い尾根を忠実にたどって行く。一旦下って、登り返し、樹林の中の尾根を登って行くと長沢山頂の一角に出る。細長い緩やかな尾根を行くと長沢山頂である。南に樹木が刈り払われ、石尾根あたりが見える。

この先は尾根から一旦離れ、左の山腹のブナやミズナラの樹林を行く。奥秩父特有の苔むした、しっとりとした樹林である。

尾根筋に上がり、左に水松山《あららぎやま》への道を分け、まっすぐ下り、ちょっとした鞍部で、主縦走路（巡視路）を左に見送り、右の尾根筋に入る。歩きやすい気持ちのよい道である。やがて、広々とした防火帯の道になり、野鳥の声が一段と大きく聞こえる。

梯子坂《はしござか》ノクビレから、まさしく梯子を登るような急坂を登り、緩くなった2段目の坂を上がると天祖山である。山頂には天祖神社が鎮座している。この山奥に、よくぞ造ったものだと感心するほど立派な社殿である。

西の方が樹木が伐採されて長沢背稜の山が見える。少し下ると平屋造りの社務所（会所）がある。緊急時以外は一般登山者は使用できない。

岩がゴロゴロした尾根を下ったり、樹林の中の小道を下りながら高度を下げる。

壊れそうな大日大神社《だいにちおおがみしゃ》や、近年出来たアメダスの雨量測定所を見て尾根を下り、さらに峠風の鞍部から、一転、凹形の吸い込まれそうな急斜面を、足元をしっかり見据えながら下ると日原林道に出て、ようやくほっとする。

ここからは日原鍾乳洞バス停まで約3キロほどあるが、日原渓谷の景色を眺めながら、奥多摩の山行の余韻を楽しみながら歩く。

天祖神社

▼行程：（一日目）ＪＲ青梅線奥多摩駅＝西東京バス・40分＝鴨沢→30分→小袖乗越→1時間→廃村→1時間→堂所→1時間→ブナ坂→1時間→雲取奥多摩小屋→40分→雲取山→30分→雲取山荘（二日目）雲取山荘→30分→大ダワ→15分→分岐→30分→芋木ノドッケ→1時間→柱谷ノ頭→1時間→長沢山→30分→縦走路分岐→30分→梯子坂ノクビレ→40分→天祖山→1時間→大日大神社→1時間→日原林道→40分→日原鍾乳洞バス停＝西東京バス・45分＝ＪＲ青梅線奥多摩駅

▼地図：国土地理院発行地形図2・5万分の1雲取山、武蔵日原

▼問合せ：奥多摩町役場観光産業課0428-83-2112、奥多摩町観光協会0428-83-2152、西東京バス氷川車庫0428-83-2126、雲取山荘0494-23-3338、雲取奥多摩小屋0428-83-2112（奥多摩町役場観光産業課）

【思い出記録】

☆☆☆――歩程▼約8時間40分

⑽西谷山《とりたにやま》・三ツドッケ《みつどっけ》――天空に近い静かな尾根を行く

【地図54頁】

日原川源流西谷の奥に聳える山々。人の気配もない静寂な尾根道を歩く。

西谷避難小屋の窓から見る星は手が届くほど近いように思える。小屋の南側からのパノラマのような展望も素晴らしい。

このコースでは西谷山（標高1718メートル）と、三つのピークが集まった三ツドッケ（標高1576メートル）を登る。

《ガイド》

ＪＲ青梅線奥多摩駅から日原《にっぱら》方面へ行く西東京バスに乗り、終点の日原鍾乳洞バス停まで行く（土日、祭日は東日原で運行が打ち切られるので、その間約30分の車道歩きを余儀なくされる）。

小川谷《おがわだに》に沿った車道を歩く。滝入ノ峰《たきいりのみね》から派生する尾根の末端にある巨岩群と、その下の日原鍾乳洞入口を右に見る。時間の余裕があったら、日原鍾乳洞へ寄っても面白い。1周約1時間ほどで見学出来る。石灰岩を地下水や雨水が何億年もかけて溶解浸食して空洞を造ったのが鍾乳洞である。天井には鍾乳石が、床には石筍《せきじゅん》が林立している。江戸時代から松明《たいまつ》を持って入っていたので煤で黒ずんでいる所が多い。

さて、小川谷に寄り添うようにくねくねと延びている小川谷林道（一般車は通行禁止）を歩くことにする。林道は約8キロと長いが、春はヤマザクラやミツバツツジを、夏は目にも鮮やかな新緑を、秋には錦織りなす紅葉を眺めながら、のんびりと歩く。

広い平坦地で、七跳尾《ななはね》根方面に行く林道と別れ、左の少し荒れた林道に入る。ほどなく本格的な登山道となり、小川谷の左岸（地図用語で下流に向かって左側）の切り立った崖につけられた道を行く。二カ所ほど崩壊した道を注意深く通過する。

次第に下り坂になって三又《みつまた》と呼ばれる谷に出る。割谷《わりたに》、西谷、滝谷《たきたに》の三本の谷が集まっている小広い平坦地でカエデのたぐいが多く、秋には辺り一帯は真っ赤に染まる。

橋を渡って西谷の右岸沿いの道を行く。西谷は石灰岩も多く明るい谷ではあるが、次第に深く切れ込んで薄暗くなってくる。回り込んだ所で、ばったりと人に会った。真っ黒なウインドブレーカーを着た釣り人で、クマと思いドキッとした。

クマが生息する深山幽谷の地では、赤や黄色など明るい色の着衣が大切かもしれない。

西谷を何回か渡り返し、壊れた小屋（以

前の西谷小屋）を通り、沢沿いの石ころの道を行く。いつの間にか水の音もしなくなり、涸沢になってくる。道の形はほとんどなくなり、石の間を沢から離れないように登って行く（赤いテープが所々にぶら下がっている）。

西谷山

スズタケが密集している中をゴロゴロとした石が積もった歩きにくい道を登る。ぱっと明るくなったら、目の前にしゃれたログハウス風の西谷避難小屋が現れる。水場も入口付近にあり、休憩にもってこいの場所だ。天候の激変や疲労困憊の際はここでの一泊もよい。南の展望がよく、日原谷や石尾根方面がパノラマのように広がる。

少し上に上がると縦走路に出る。西谷山へはさらに上に登り、鞍部（西谷峠）から左へ尾根道を０・５キロほど行く。以前藪こぎを強いられた尾根は刈り払われ、歩きやすい道になっている。

山頂も刈り払われ南に展望が開けてい

る。北側の樹林の中に秩父方面へ抜ける道が細々とついている。

元の道に戻り、縦走路を東へ行く。歩きやすいよい道が続いている。この先、尾根には日向沢ノ頭《ひなたさわのあたま》や坊主山《ぼうずやま》、七跳山《ななはねやま》、大栗山《おおぐりやま》などが連なるが、縦走路は少し下を通過する。山頂へはスズタケの中に踏み跡があるが、展望もないので、カットする。ハナド岩を過ぎ、少し先に左へはっきりとした尾根道が分岐する。これを入ると三ツドッケの中央の峰に着く。分岐がわからない時には、縦走路を行き、一杯水《いっぱいみず》避難小屋の背後から往復する。

帰路はヨコスズ尾根を下る。ブナやミズナラの巨木が林立する中の緩やかな道を行き、途中から北面の山腹の道（かなり切れ落ちているが道はしっかりついている）を通り、最後の杉植林地の急下降で東日原のバス停に出る。

▼行程：JR青梅線奥多摩駅＝西東京バス・30分＝日原鍾乳洞→5分→日原鍾乳洞前→2時間→小川谷林道終点近くの分岐→30分→三又→2時間→西谷避難小屋→5分→縦走路→5分→西谷峠→西谷山往復（20分）→2時間→一杯水避難小屋→三ツドッケ往復（30分）→1時間40分→東日原＝西東京バス・25分＝JR青梅線奥多摩駅

▼地図：国土地理院発行地形図2・5万分の1雲取山、武蔵日原

▼問合せ：奥多摩町役場観光産業課0428-83-2112、奥多摩町観光協会0428-83-2152、日原保勝会0428-83-2099、西東京バス氷川車庫0428-83-2126

【思い出記録】

（10）西谷山・ミツドッケ
西谷山
1718
日向沢ノ頭
坊主山
1595
七跳山
1451
西谷避難小屋
廃屋
大栗山
1591
三又
ミツドッケ
1576
ハナド岩
一杯水避難小屋
小川谷
小川谷林道
ヨコスズ尾根
滝入ノ峰
1310
大日神社
雨量測候所
日原林道
八丁橋
鍾乳洞
日原鍾乳洞
巳ノ戸橋
東日原

北側の
山腹を行く
長沢山
水松山
柱谷ノ頭
1738
1699
1708
シャクナゲ
1946
芋木ノドッケ
大ダワ
梯子坂ノクビレ
天祖山
1723
会所
雲取ヒュッテ(閉鎖)
大ダワ林道
田部重治
レリーフ
雲取山荘
(9)雲取山・芋木ノドッケ
長沢山・天祖山
雲取山
2017
1937
小雲取山
野陣尾根
ヨモギノ頭
鴨沢からの登山道はP77参照
1000m
0
1000
(三峰・秩父)

☆☆――歩程▼約7時間

⑾ 七ツ石山《ななついしやま》――古くからの信仰の山

【地図76頁】

雲取山から派生する長大な尾根、石尾根の途中に頭を持ち上げている山が七ツ石山（標高1757メートル）である。

山頂直下には蔵王権現《ざおうごんげん》を祀った七ツ石権現社がある。かつては、2月の例大祭には大勢がこの神社まであがって来たそうである。この山の展望も素晴らしく、はるか南アルプスも見える。

《ガイド》

この山には、雲取山への登山の途中に立ち寄る登山者が多いが、日原《にっぱら》からこの山を目標に登るのも面白い。

JR青梅線奥多摩駅から西東京バスで日原鍾乳洞バス停まで行き、左の日原谷林道を歩く。約8キロの長い林道である。あせらずのんびりと左右に広がる渓谷美を楽しみながら歩くことにしよう。なお、この渓谷の紅葉は日光や八幡平《はちまんたい》にも決して負けないほどの見事さである。終点近くに雲取山への道標があり、左の登山道に下る。揺れやすい吊り橋を渡り、唐松谷《からまつだに》沿いの道を行く。

登り返して小尾根の上に出ると、ブナ坂へ到る唐松谷林道分岐がある。この道は何カ所か崩壊地を通るので、多少遠回り(30分ほど)ではあるが、右の富田新道(野陣尾根《やじんおね》道)を行くことにしよう。

ブナやミズナラが茂る森の中をジグザグの急登で尾根に上がる。尾根に登っても急坂が続くが、爽やかな空気の中の森林浴を楽しみながら登る。

一旦緩やかになったサワラノ平で、これからも樹林の中の展望のない道を行く。

カラマツの明るい森になると石尾根も近い。やがて、奥多摩小屋から小雲取山への巻き道に出る。左へ行き、奥多摩小屋の前を通り、広い平坦地(五十人平《ごじゅうにんだいら》、ヘリポートに使用)を過ぎ、緩やかな尾根道を下ると、ブナ坂の鞍部に着く。右に鴨沢《かもざわ》から登山道が上って来ている。ベンチで一息入れている登山者もいる。

七ツ石山へは直登の急坂を行く。長くなく、ほどなく草原の山頂に着く。ここもシカの食害でほとんどの高山植物は姿を消し、マルバタケブキの花が目立つのみである。山頂付近には巨石が多い。山頂から南東に下り、七ツ石神社に参拝する。神社の裏に神社の名前になったという七つの石があるが、探してみたら七つ以上ある。

少し下り、右の七ツ石小屋に向かう。水場を過ぎ、左へ下ると「富士山の見える山小屋」という看板のある小屋に着く。日程に余裕のある人は一泊して、夕焼け空にそそり立つ富士山や、朝日に輝く富士山を眺めるのもまた一興である（小屋は素泊まりのみ）。

七ツ石山／多摩らいふ倶楽部事務局

下山は登り尾根を下る。（⑼雲取山を参照）

▼行程：ＪＲ青梅線奥多摩駅＝西東京バス・33分＝日原鍾乳洞→2時間→雲取山分岐→30分→唐松谷林道・富田新道分岐→1時間10分→サワラノ平→1時間50分→小雲取山巻き道→15分→奥多摩小屋→20分→ブナ坂→20分→七ツ石山→30分→七ツ石小屋→2時間→鴨沢バス停＝西東京バス・40分＝ＪＲ青梅線奥多摩駅

▼地図：国土地理院発行地形図2・5万分の1武蔵日原、雲取山、丹波

▼問合せ：奥多摩町役場観光産業課０２４８-83-２１１２、奥多摩町観光協会０４２８-83-２１５２、西東京バス氷川車庫０４２８-83-２１２６、七つ石小屋０４２８-86-２１９１

【思い出記録】

☆☆――歩程▼約7時間

(12) 赤指山《あかざすやま》・千本《せんぼん》ツツジ《つつじ》・高丸山《たかまるやま》

――ヤマツツジの花に染まりながら行く

【地図76頁】

雲取山から派生している石《いし》尾根に千本ツツジや高丸山がある。周辺にはヤマツツジやドウダンツツジが群生しており、6月頃は赤や桃色の鮮やかな色彩で山々を染め上げる。

その中核にある山が千本ツツジ（標高1704メートル）や高丸山（標高1733メートル）である。また、千本ツツジから南に長い尾根（赤指尾根）が派生している。その尾根のピークが赤指山（標高1333メートル）で静かな山歩きが楽しめる。

《ガイド》

JR青梅線奥多摩駅から西東京バスで峰《みね》谷《だに》へ入る。バスの便が極めて少ないので要注意だ。

終点の峰谷バス停は深い谷間を下り、集落の中ほどにある。10数軒ほどの民家が軒を寄せ合っている。作家石川達三がダム建設に揺れる小河内村《おごうちむら》（現奥多摩町）を素材にした小説「日蔭《ひかげ》の村」の一節のように、10時頃にやっと日が昇り、午後の2時には山に日が沈む。

峰谷バス停から少し戻った所から登る車道を行く。

急なヘアーピンカーブを二つほど曲がり、小尾根の上に出ると、ここにも集落がある。峰集落で、赤指尾根の山腹に広がる日当たりのよい斜面に20数軒の家が建っている。

車道をどんどん登って人家が途切れた所から林道が始まる。ここまで奥多摩駅からタクシーで入ることも出来る（約6000円）。

林道のゲートを過ぎ、少し行くと左に登山道が上がっている。クマに注意の警告板も立っている。今日行く山はもちろんツキノワグマの生息地で、20頭はいると推定されている。晩秋はとくに要注意で、鈴などを鳴らしながら行った方がよい。

スギ植林地の中を緩やかに登って行く。2カ所ほどある水場は植林地の中とは思えないほどおいしい水が飲める。

先ほど別れた林道と合わさり、今度は緩やかな林道を歩く（登山道は林道を横切り山腹の道を行く）。

カーブを曲がり、山林保護の看板を見て、さらに奥へのんびりと行く。ヤマツツジが所々に咲いている。

林道終点の広場の脇から赤指尾根に登る

赤指山山頂の三角点

踏み跡がある。樹林の中の細い道を行くと、ほどなくこの尾根の盟主、赤指山頂がある。足元に三等三角点が半ば土に埋もれて立っている。リョウブの枝先に手製の山名表示板がぶら下がっている。しーんとして実に静寂な山頂である。時折、エゾハルゼミが鳴くだけだ。

次の山の千本ツツジに向かう。尾根道を登り、山腹から上ってきた道と合流して、尾根の右側につけられた道を行く。

スギ植林地の中のジグザグ道を登り、緩い坂を経て急坂を登り切ると千本ツツジの山頂直下の縦走路に出る。目の前の切り開かれた防火帯を急登すると千本ツツジの頂きに着く。

周囲はヤマツツジが満開だ。山頂からは富士山や大菩薩連嶺《だいぼさつれんれい》が遠くに見える。

ここからは幅広い防火帯を歩き、高丸山や日陰名栗山《ひかげなぐりやま》を経て鷹ノ巣《たかのす》避難小屋へ向かう。

防火帯にはシカが食べないためか、ワラビの群生地がそこかしこにある。

急登したら高丸山頂である。樹木が茂ってあまり展望はない。ずり落ちそうな防火帯は避け、横の樹林の中を木につかまりながら下る。鞍部で、縦走路に近づくが、やはり広々とした防火帯の道を登る。日陰名栗山の細長い山頂を経て、鷹ノ巣避難小屋に出る。ログハウスのような造りをした小屋である。清潔なトイレも横に建っている。昨年の秋に来た時に、裏山に大きなマイタケが数株あって大喜びでいただいたものだ。

鷹ノ巣山は往復で40分ほどであるから、余裕があったら登ってみたい。

下山は浅間《せんげん》尾根を下って奥《おく》集落に出よう。

道標により右に行き、水場を過ぎて、本格的な尾根歩きになる。樹林を渡る爽やかな風に吹かれながら下る。

スギやヒノキの植林地帯を出たり入ったりしながらぐんぐん高度を下げ、やがて、浅間神社の境内に着く。その昔、ここで富士山を遥拝した場所だ。

この先は左に大きく曲がり、山腹の日だまりの奥集落を経て、登りに使った峰谷バス停に出る。

▼行程：ＪＲ青梅線奥多摩駅＝西東京バス・38分＝峰谷→1時間→峰集落上部、林道入口→30分→林道合流→1時間→林道終点→20分→赤指山→15分→登山道合流→1時間→縦走路→10分→千本

高丸山山頂

ツツジ↓20分↓高丸山↓30分↓日陰名栗山↓15分↓鷹ノ巣避難小屋（鷹ノ巣山往復の場合は約1時間）↓33分↓水場↓1時間↓浅間神社↓10分↓奥集落↓30分↓峰谷バス停＝西東京バス・38分＝JR青梅線奥多摩駅
▼地図：国土地理院発行地形図2・5万分の1丹波、奥多摩湖
▼問合せ：奥多摩町役場観光産業課0248-83-2112、奥多摩町観光協会、0428-83-2152、西東京バス氷川車庫0428-83-2126
【思い出記録】

☆☆☆——歩程▼約6時間20分

(13)稲村岩《いなむらいわ》・鷹ノ巣山《たかのすやま》

——鋭い岩峰と第一級の展望の山を行く

【地図76頁】

《ガイド》

　JR青梅線奥多摩駅から日原行きの西東京バスで30分の東日原まで行く。平日はもう少し先までバスが行くので、中日原まで行く。

　ヨコスズ尾根末端の南斜面に30軒ほどの商店、民家が集合している日原集落は、山峡の風景にすっかり溶け込んでいる。日原《にっぱら》の集落に入ると、前方に鉛筆のキャップのような岩峰が目立つ。稲村岩（標高843メートル）で山頂までは岩をたどって行くことが出来る。イネを束ねて積んだイネボラに似ているのでこの名がついたという。鷹ノ巣山（標高1737メートル）は石尾根《いしおね》の中にある鋭鋒で、第一級の素晴らしい展望が得られる。

古い茅葺き屋根が道路脇にある。オオバノギボウシ、ヤマユリ、フウランやイワマツなどの山野草や木がびっしりと生えており、とても屋根とは思えない。

中日原バス停の先で、道標に従い、左の日原川沿いの道を下る。巳ノ戸橋《みのとばし》で日原川を渡り、山腹の道を行く。見上げる稲村岩が大きい。少し先で、右に回り込んで小尾根を越え、堰堤に出る。ここからは川原を歩き、木橋に出る。以前はこの橋を渡って山腹を緩やかに登り、鷹ノ巣避難小屋の横の巳ノ戸ノ大クビレに行けたが、崩壊がひどく、通行は困難である。

現在は橋の手前で、左に折れ、稲村岩尾根の急斜面をジグザグに登る。一汗も二汗もかいた頃、峠風の鞍部に着く。谷から吹いてくる風が、まことに心地よい。

稲村岩は目の前の巨岩を乗り越え、さらに奥にある岩の間の細い道を上がり、奥の巨岩を左から回り込むと、天辺《てっぺん》に出る。壊れかかった小祠が岩陰にある。

ちょうど陽光が当たり始めた日原の家並みが、キラキラ輝いて見える。

登るときより下りが危険な岩場を慎重に降りて、先ほどの小鞍部に戻る。

これからが、数ある奥多摩の登山道でも、1、2位の急登である稲村岩尾根に取り掛かる。たちまち汗が流れるが、ぐんぐんと登る。あっという間に、腕時計の高度表示の数字が上がる。

さすがに足も重くなったきたが、なんとか頑張ってヒルメシクイノタワに着く。久しぶりに見る平坦地である。たっぷりと休憩する。なお、このヒルメシクイノタワは、

稲村岩／石栗信司

この辺りでちょうど昼時になったので飯を食べたことに由来する。

　辺りを見渡すと、ブナ、ミズナラの巨木が林立している。コシアブラの太い木が数本ある。コシアブラはタラノメと同じウコギ科で、若葉は山菜として珍重される。

　汗が引いたので、鷹ノ巣山へ向かう。ブナの倒木を乗り越え、西側に回り込むように登る。何本かの倒木にはブナハリタケなどのキノコが密集している。足元にマイズルソウが白い可憐な花を咲かせている。

　ようやく、急な斜面を登り切り、緩やかになった樹林の道を行く。いつものことながら、山頂に着く寸前には、胸の高まるような期待感が湧いてくる。

　樹林を抜けたと思った途端に、ぱっと明るい鷹ノ巣山の山頂に飛び出す。

噂どおりの素晴らしい展望が眼前に展開する。富士山、大菩薩連嶺《だいぼさつれんれい》、南アルプス、雲取山《くもとりやま》と、パノラマのように広がる。

鷹ノ巣山は、その名のようにタカが生息していた山である。同名の山は全国に数多くある。いずれも、江戸地代、幕府が直々にタカを保護した山である。

さて、たっぷり楽園のような景色を楽しんだので、そろそろ、下山としよう。

下山コースは、石尾根縦走路の三ノ木戸《さぬきど》山《やま》方面から奥多摩駅や、榧ノ木山《かやのきやま》、倉戸山《くらとやま》経由で奥多摩湖、など様々あるが、今回は浅間《せんげん》尾根を下り奥《おく》集落へ出ることにしよう(前項の62頁と同じ)。

山頂から西へ急斜面を下り、鷹ノ巣避難小屋に出る。

小屋横の道を下り、自然林が美しい尾根を行き、スギ植林地の中の急坂を下り、浅間神社経由で奥集落に出る。途中で右に近道を通り、峰谷《みねだに》バス停へ出る。

▼行程：JR青梅線奥多摩駅＝西東京バス・30分＝東日原↓20分↓巳ノ戸橋↓30分↓木橋分岐↓30分↓峠風鞍部↓稲村岩（往復30分）↓2時間↓ヒルメシクイノタワ↓30分↓鷹ノ巣山↓30分↓鷹ノ巣山避難小屋↓1時間↓奥集落↓30分↓峰谷バス停＝西東京バス・38分＝JR青梅線奥多摩駅

▼地図：国土地理院発行地形図2・5万分の1武蔵日原、奥多摩湖

▼問合せ：奥多摩町役場観光産業課0248-83-2112、奥多摩町観光協会0428-83-2152、西東京バス氷川車庫0248-83-2126

【思い出記録】

☆☆——歩程▼約5時間30分

(14) 倉戸山《くらとやま》・榧ノ木山《かやのきやま》——奥多摩湖畔に立つ山を登る

【地図76頁】

奥多摩湖畔の熱海《あたみ》、原集落の上にこんもりと頭を持ち上げている山が倉戸山（標高1169㍍）である。

山頂は広く運動場のようである。ヤマザクラの古木もあり、春に桜風吹が舞う。

倉戸山の北には榧ノ木山（標高1485㍍）がある。その名のとおり大きな榧ノ木が生えていた山である。

《ガイド》

ＪＲ青梅線奥多摩駅から丹波《たば》、小菅《こすげ》、鴨《かも》沢《さわ》方面行きの西東京バスに乗り、奥多摩湖の先の倉戸口《くらとぐち》で下車する。

トンネルの左の車道を登り、会社の保養所の横を通り、原集落の中を行く。

倉戸山への道標に従い、石段を登って上に行く。左に温泉神社があり、そばに水道の蛇口がある。ひねると冷たい美味な水が出るので、水筒に詰める。

ところで、温泉神社は、奥多摩湖に沈んだ、かつての名湯、鶴ノ湯の守り神であった。水没前にここに移転してきたのである。ちなみに鶴ノ湯の源泉はポンプで汲み上げ、旅館などに配っている。

さて、温泉神社から先は人家もなくなり、スギ植林地の山腹を行くようになる。

一カ所だけ滑りやすい赤土の斜面を越えると、あとはしっかりした緩やかな道を行く。尾根に乗り、自然林が多くなった中をジグザグに登るようになると、倉戸山も近い。ヌタ場（動物が泥に体を擦りつけ寄生虫等を取る所）が林の中にある。そういえば、3年ほど前、この付近でイノシシの親子に会ったことがある。こちらの顔を見て這々《ほうほう》の体で逃げて行った。長年、山を歩いていると、野生動物に出会うことがけっこうある。たいていは人間を怖がって逃げる。

樹林に囲まれた倉戸山頂は先客が二人いた。手帳に色鉛筆でスケッチをしているようだ。樹林は落葉樹がほとんどなので、晩秋から春にかけて、梢越しに奥多摩湖を俯瞰することが出来る。

倉戸山へは1時間30分程度で登頂できるので、かなり登山者が多い。なんでも、倉戸山愛好会という会もあるそうだ。

さて、次の榧ノ木山へ向かう。

右がスギ、ヒノキの植林地、左がミズナラ、リョウブなどの自然林の間の登山道をのんびりと歩く。

カラマツ林が見えて来る。林床はフタリシズカの大群落である。足の踏み場もない

倉戸山（右）

ほど密集している。

この先で、壊れかかった作業小屋を見て、少しずつ急になった坂道を行く。

尾根が次第に左に曲がり始め、道もジグザグを繰り返すと、左からノボリ尾根の登山道が登って来る。もっとも、最近は歩く人もいなくて、道がかなり薮に埋没している。

この先わずかで榧ノ木山である。もっとも、登山道は山頂を通らないで、少し西側を通る。

山頂へは登山道の右脇に、踏み跡程度の道があるので、それに入る。

一投足で山頂に着く。カラマツやモミがある狭い山頂である。ヤマツツジが十本ほどある。6月頃は赤紅色の花を美しく開く。誰がつけたのか、枝に山名表示板がぶら下がっている。

展望は梢越しに七ツ石山などが見える。

この先、北に少し行くと登山道と合流する。さらに、榧ノ木山頂の一部とも言える、緩やかな尾根道を北に行く。小ピークの左を巻いて、わずかに行くと、道標があるので、それに従い、右に入る。山腹の道を少し行き、石尾根から下って来る道を合わせ、右へ下る。スギ植林の中を下り、水根沢《みずねさわ》に出ると落葉樹の自然林となり、気分よく歩ける。木橋を渡り、左の岸を下る。渓流の瀬音が耳に心地よい。

ワサビ田を見る頃になると、水根集落が近くなる。林道と分かれて右に下ると水根沢キャンプ場が見えて来る。休憩所兼トイレが沢沿いにあるので、寄って行く。

バス停は1キロほど下った所にある。なお、時間があったら、バス停の前の車道を登り、奥多摩湖や森と緑の博物館を見るのもよい。

▼行程：JR青梅線奥多摩駅＝西東京バス・18分＝倉戸口↓30分↓温泉神社↓1時間↓倉戸山↓1時間20分↓榧ノ木↓30分↓水根分岐↓30分↓木橋↓1時間20分↓水根沢キャンプ場↓20分↓水根バス停＝西東京バス・15分＝JR青梅線奥多摩駅

▼地図：国土地理院発行地形図2・5万分の1奥多摩湖

▼問合せ先：奥多摩町役場観光産業課0248-83-2112、奥多摩町観光協会0428-83-2152、奥多摩水と緑のふれあい館0428-86-2731、西東京バス氷川車庫0428-83-2126

【思い出記録】

☆☆——歩程▼約5時間30分

(15) 六ツ石山《むついしやま》・狩倉山《かりくらやま》・三ノ木戸山《さぬきどやま》

——展望を楽しみながら広々とした尾根を行く

【地図78頁】

展望のよい石尾根《いし》の末端で、最後の砦のように頭を持ち上げている山々が次の三山である。

六個の巨岩があったという六ツ石山（標高1479㍍）。小菅《こすげ》狩倉沢の頭の位置にある狩倉山（標高1452㍍）。将門《まさかど》の城山を守った三ノ木戸山（標高1177㍍）である。

《ガイド》

JR青梅線奥多摩駅から奥多摩湖方面へ行く西東京バスで境橋《さかいばし》まで行く。境橋バス停は橋の真ん中にある、珍しいバス停である。

進行方向に行き、橋を渡り、右の車道を行き、境集落の中の道標に従い、右の坂道に入る。一番奥の人家の上で、左に入り、尾根を登る。

少し行くと、広々とした。緩やかな斜面に出る。境集落で見た作業用のモノレールがここまで上がって来ている。

金網が張ってある中を見ると、何千本ものタラノキが栽培されている。金網沿いに小道があるので、それを登って行く。

スギの植林地に入ると、はっきりとした山腹の道になる。それをどんどん行くと、右に刈り払われた尾根が見えてくる。木の枝に赤いテープがついており、踏み跡もあるので、それに入る。

すぐにはっきりした広い道になる。防火帯(山火事の延焼防止のため刈り払った所)が通る広々としたハンノキ尾根になる。

もし、この踏み跡がわからない時には、引き続き山腹の道を行くと、水根集落から上がって来る道と出会うので、心配はいらない。

さて、防火帯の広々としたハンノキ尾根を登って行くと、左に電波反射板を見る。小河内《おごうち》ダムの発電所の通信用施設である。

尾根をさらに登ると、左から水根集落から直登してくる道と合流する。ここがトオノクボである。

広くて明るいハンノキ尾根を引き続き登る。ヤマハンノキの群落も現れる。

左の自然林には熊棚（クマが木の実を食べるため枝を引き寄せた跡）があるミズナラが何本も目につく。ここはツキノワグマの生息地である。要注意の所だ。

いくつか小ピークを越えると、丸い山頂の六ッ石山に着く。南に展望が開け、御前《ごぜん》山《やま》や大岳山《おおだけさん》がよく見える。名前の由来とな

石がごろごろしている六ツ石山頂

った六つの巨岩はないが、小さい石がごろごろと無数にある。

休憩がすんだら、次の狩倉山に向かう。北にしばらく行き、石尾根主脈の縦走路を合わせ、さらに下ると、左に岩石が寄せ集まったピークがある。よく見ると岩の間に踏み跡がある。これに入り、いくつかの岩を越えると、半分樹木に覆われたピークに出る。これが狩倉山頂である。樹木に山名を書いた板がくくりつけてある。北の方に細い踏み跡が下がっている。日原谷へ下る道であるが、薮深い所が多い。

さて、この狩倉山は不老山《ふろうざん》ともいう。「老にならず」と縁起のよい名前ではあるが、本当の意味は風呂、室《むろ》、鋤《すき》の柄の部分「ふろ」にする木を取った所など、諸説がある。

狩倉山を辞し、急斜面を慎重に下りて、

石尾根縦走路に合流する。

東京農大の演習林（百葉箱がある）を左に見て、さらに下る。

ほどなく、三ノ木戸集落への分岐があるが、それを見送り、小ピークを右から巻いて庭園風の場所を通過する。その先で、縦走路は左（北）の山腹へ乗り越す。

ちょうどその場所から尾根直登の道がある。登ると、わずかで、南が開けた三ノ木戸山頂に出る。冬期は日だまりの暖かい頂になるので、つい長居をしてしまったことがある。

元の道を戻り、北の山腹を巻く縦走路を下る。所々に急坂を交えながらどんどん下ると、ようやく、車道に出て、人家を見るようになる。近道がいくつかある（道標がある）ので、そちらを下り、南氷川《みなみひかわ》の商店街に出る。

JR奥多摩駅は橋を渡ってすぐの所だ。

▼行程：JR青梅線奥多摩駅＝西東京バス・8分＝境橋↓40分↓農場↓40分↓ハンノキ尾根入口↓30分↓トオノクボ↓1時間10分↓六ツ石山↓15分↓狩倉山↓40分↓三ノ木戸山↓1時間30分↓JR青梅線奥多摩駅

▼地図：国土地理院発行地形図2・5万分の1奥多摩湖

▼問合せ：奥多摩町役場観光産業課0428-83-2112、奥多摩町観光協会0428-83-2152、西東京バス氷川車庫0428-83-2126

【思い出記録】

日原鍾乳洞
巳ノ戸橋
東日原
843
稲村岩
稲村岩尾根
急登
(15)六ツ石山・狩倉山
三ツ木戸山
(13) 倉戸山
榧ノ木山
狩倉山
六ツ石山
1452(縦走路の少し北に)
1479
ハンの木尾根
三ノ木戸分岐
1177
三ノ木戸山
石尾根
近道有り
榧ノ木山
(山頂は登山道より少し東に)
橋を渡る
水根沢
トオノクボ
電波反射板
広い伐採地
846
イソツネ山
境橋
榧ノ木尾根
倉戸山
(広い山頂)
1169
水根
倉戸口
温泉神社
奥多摩湖
1000m
0
1000
(三峰・秩父・丹波・五日市)

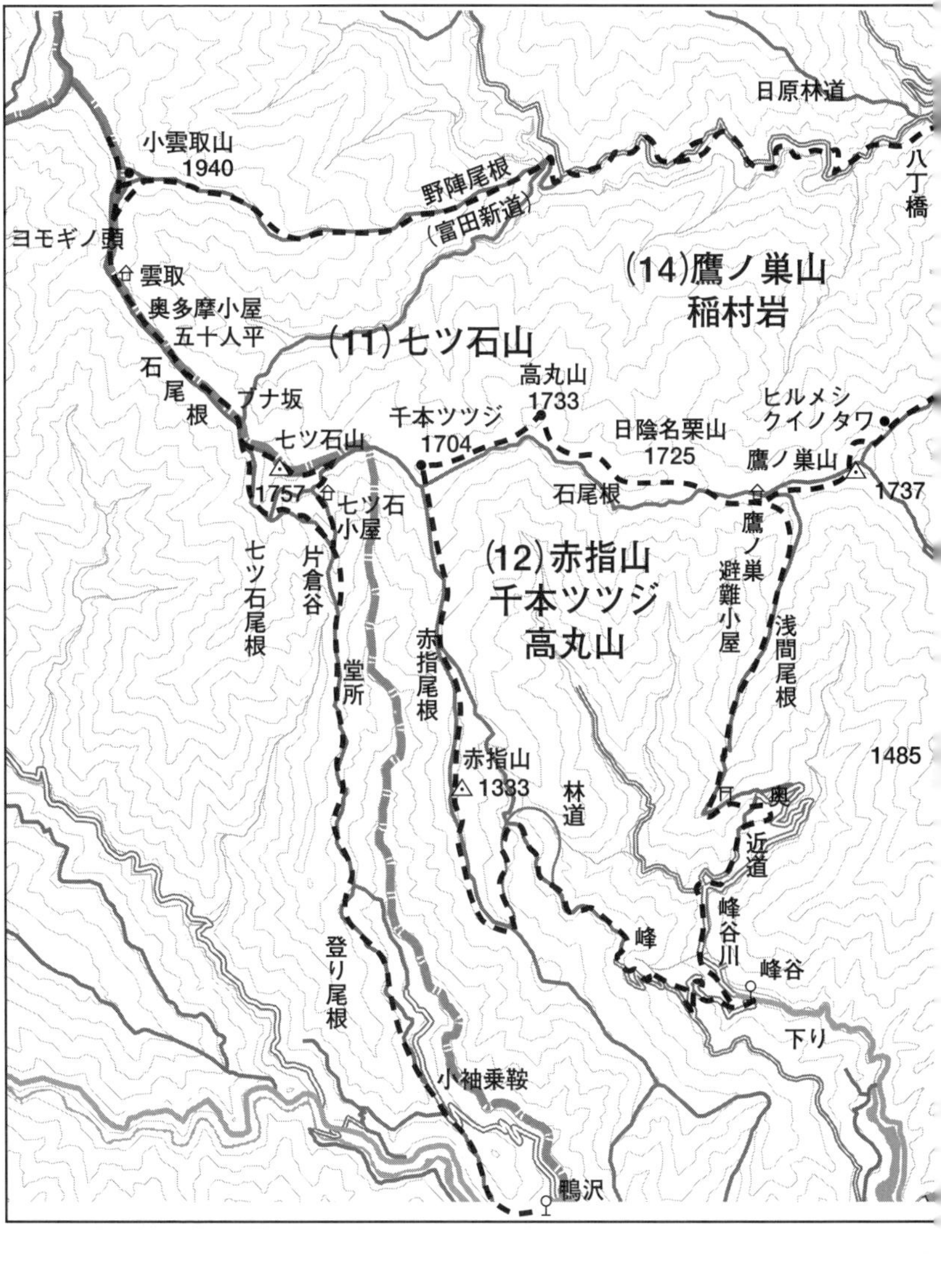
日原林道
小雲取山
1940
野陣尾根
(富田新道)
八丁橋
ヨモギノ頭
雲取
奥多摩小屋
五十人平
(14)鷹ノ巣山
稲村岩
(11)七ツ石山
石尾根
ブナ坂
高丸山
1733
ヒルメシクイノタワ
千本ツツジ
1704
日陰名栗山
1725
七ツ石山
1757
鷹ノ巣山
1737
七ツ石小屋
石尾根
七ツ石尾根
片倉谷
(12)赤指山
千本ツツジ
高丸山
鷹ノ巣避難小屋
浅間尾根
赤指尾根
堂所
1485
赤指山
1333
林道
奥
近道
峰
峰谷川
峰谷
登り尾根
下り
小袖乗鞍
鴨沢

コラム①
山歩きの基本
その１　歩き方

歩き方などは、何十年と歩いてきた自分流で十分だという方が多い。

そのとおりではあるが、長い時間、登ったり下ったりする山歩きでは、それなりの歩き方をした方が疲れにくい。

▼ペース

ほぼ決まった歩幅で、あまり高く足を上げないで、振り子のように踏み出す。

20分に1度、立ち止まった休息を、1時間に1度、荷物を降ろし腰を掛けての休憩をとるのがよい。

昼食は食後休憩も含めて1時間ぐらいは取りたい。

▼急坂の上り下り

坂の面にぴったりと靴底全体をあてて上り下りする。

登山靴の底は摩擦を大きくして滑りにくいように工夫されている。つま先で登ったり、踵を立てて下ったりするのは、かえって滑ってしまう。

ゆるやかな道も基本的には靴底全体を路面に着けるように歩いた方がよい。

▼岩場などの通過

へっぴり腰になるとバランスが崩れて危険。

しっかり立って、三点支持（両手・両足のうち三点で体を支える）で確実に体を支えて通過する。

三、奥多摩湖の南側や秋川・五日市線沿いの山々

御前山と湯久保尾根

☆☆——歩程▼約7時間

(16) 大沢山《おおさわやま》・三頭山《みとうさん》・月夜見山《つきよみやま》

——都民の森から周遊道路沿いの稜線を歩く

【地図91頁】

大沢山（標高1482メートル）は檜原《ひのはら》・都民の森の一角にある山だが、主要登山道から外れているので、あまり人が来ない静寂な山である。多摩の平地から見ると、三頭山の左に双子のように大きく聳えている。

三頭山（標高1531メートル）は整備された登山道が縦横に走り、気楽に深山の雰囲気を味わえる山である。三つ目の月夜見山（標高1147メートル）は奥多摩周遊道路沿いの片隅にある山で、駐車場からわずかで山頂に立てる。

《ガイド》

東京の山では数少ないブナの森林がある三頭山は、駐車場も完備しているので、マイカーが便利である。しかし、バスもかな

槇寄山より三頭山を望む／新藤征吾

りの本数が運行しているので利用しやすい。

ＪＲ五日市線武蔵五日市駅から西東京バスで数馬《かずま》行、もしくは都民の森直通バスで入る。数馬止まりの場合も、無料シャトルバスが連絡をしている。

都民の森入口の売店前の広い道を奥に行く。途中に、左へ登る階段があるので、そちらを登る。

トチノキの巨木を見て、さらに登ると森林館に着く。

館内には、自然解説コーナー、木工体験教室、食堂、売店がある。時間があったら寄ってみたい所だ。

さて、左の山腹の散策路を行く。敷いてある木材チップが足に心地よい。

どーという音が聞こえてくると、三頭大

三頭大滝

滝（落差30メートル）が目の先だ。滝を見るための橋（滝見橋）がある。ここから見る滝はなかなか秀麗である。ことに、10月の紅葉時期は錦絵のような光景である。また、冬季の2月上旬は完全凍結し、これまた、見事な氷の芸術を披露する。

散策路を上に行くと、滝の頭に出る。ちょっと覗くと、三頭沢の激流が奈落の底に落ちるように飛沫をあげて落下している。

この先の分岐で左の沢（日陰三頭沢《ひかげみとうさわ》）を行く。かつては荒れた悪沢であったこの沢も、道が整備され、歩きやすい。

やがて、沢沿いを離れ、尾根に登り、大きく右に回り込みながら笹尾根からの縦走路に合流する。そこからしばしの急登で、大沢山に着く。樹木越しに長大な笹尾根を見る。

北に下ると、すぐに三頭避難小屋に出る。ここの展望はまことに素晴らしく、富士山が眼前に雄大に聳える。三頭山の頂上より景観はよい。

小屋のすぐ下がムシカリ峠で、その名のとおり、オオカメノキ（ムシカリの別名）が多く自生しており、初夏に白い花を枝先に並べるように咲かせる。なお、右にこの山域では最も大きいブナがある。

山野草の多い斜面につけられた、木製丸太の階段を登り、右に巻道を見送り、少しの登りで三頭山中央峰に着く。いつもここは登山者で賑わっている所だ。どのコースから来ても、この辺りで昼になるので、昼食を取っている人が多い。

展望も奥多摩湖やその向こうの石尾根がパノラマのように広がる。

なお、本来はこの峰は西峰であったが、山頂表示柱で中央峰と表示されてから、いろいろと混乱している。

一旦、東に下り、鞍部（御堂峠《みどうとうげ》）に出る。ここに昔、お堂があったので、御堂が三頭に転訛し、山の名が「三頭山」になったという説が有力である。確かに三つの山頂は檜原《ひのはら》村、旧小河内《おごうち》村（現奥多摩町）のどこから見ても特定は出来ない。

さて、峠から東の斜面を登り、三角点峰を通り、稜線より少し下の道を下る。途中に行き止まりの表示がある場所のわずか先に、三頭山を守る三頭御前《みとうごぜん》の小祠がある。山頂に古色蒼然とした小さな社殿がひっそりと鎮座している。

所々に石が露出した登山道を下る。この辺りからブナやミズナラの混交林が続く。樹齢２００年にもなるブナの巨木も目につく。

散策路に分岐がいくつもある中を稜線に沿って東に下り、休憩舎を経て、鞘口《さいぐち》峠に出る。うっかりすると滑り落ちるような急斜面も数カ所あるので注意して下る。大きなカエデの横を通ると鞘口峠である。

ここは、その昔、と言っても昭和20年代

頃までは、小河内と檜原を結ぶ重要な生活道が通る峠である。今は奥多摩湖畔の山のふるさと村に行く道が細々と通っている。右へは森林館への立派な道が下っている。

さて、峠を通り過ぎ、尾根道を風張峠《かざっぱり》方向へ行く。

人がまったく通らない静寂な道である。ただ、右下の方から、奥多摩周遊道路を通過する車の騒音がここまで聞こえる。風張峠先で一旦、周遊道路に出る。稜線は道路掘削のために寸断している。

この先で、道標に従い月夜見山へ登る。旧小河内村から見上げたこの山にかかる月は風情があったと伝えられている。山名はその故事からきていると聞く。

さて、山頂からは少し下って、北の山腹を回り込んで道路に出て、車に注意しながら月夜見第二駐車場に出る。シーズン中は観光客のマイカーでいっぱいになる。

駐車場を横切り、小河内峠に向かう。多少のアップダウンがあるが全体として緩やかな道を行く。

自然林も多く、しかもカエデのたぐいが多いので、紅葉期はなかなか美しい道だ。もちろん、新緑の頃も若葉を透った陽光で体が緑に染まる。

小河内峠で右の檜原村藤倉《ふじくら》に下る。山腹の植林地を行き、陣場《じんば》尾根を緩やかに下る。猿江《さるえ》や沢又《さわまた》への分岐を過ぎ、さらに緩やかな尾根道を下ると、人家も現れる。藤原小学校（廃校）、春日《かすが》神社を過ぎると、藤原バス停も近い。

バスの本数は少ないので、事前に確認が大切だ。

雪に埋もれる月夜見山山頂

▼行程：ＪＲ五日市線武蔵五日市駅＝西東京バス・1時間10分＝都民の森入口→30分→三頭大滝→1時間20分→大沢山→30分→三頭山（中央峰）→10分→三頭山（東峰＝三角点峰）→40分→鞘口峠→50分→風張峠→50分→月夜見山→50分→小河内峠→1時間20分→藤倉＝西東京バス・50分＝ＪＲ五日市線武蔵五日市駅

※都民の森へは3月～11月に数馬からシャトルバスを運行する。また、直通急行バスも御前中に2本ほど運行する。いずれにしろ、利用の際は、事前に確認した方がよい。

▼地図：国土地理院発行地形図２・５万分の1猪丸、奥多摩湖

▼問合せ：檜原村役場地域活性課０４２-５９８-１０１１、檜原村観光協会０４２-５９８-００６９、檜原都民の森管理事務所０４２-５９８-６００６、西東京バス五日市営業所０４２-５９６-１６１１

【思い出記録】

☆☆——歩程▼約5時間

(17) 惣岳山《そうがくさん》・御前山《ごぜんやま》——アズマイチゲやカタクリの花が咲く

【地図91頁】

惣岳山（標高1350メートル）は惣岳渓谷の頭にある山で西が開け、三頭山《みとうさん》や大菩薩《だいぼさつ》連《れん》嶺《れい》方面の展望がよい。

また、御前山（標高1405メートル）は山野草愛好家によく知られた花の名山である。奥多摩三山（他は大岳山《おおだけさん》、三頭山）として、古くから多くの登山者が登る人気の山である。

《ガイド》

御前山へは5本ほどの登山道があるが、どのコースも標高差900～1000メートルはある厳しい道である（奥多摩周遊道路からは標高差400メートル程度）。

カタクリなどが咲く花の名山として有名になってきたせいか、手軽な山のイメージで登る人が増えているが、決してそうでは

笹尾根から望む御前山／新藤征吾

ない。

今回は北側の奥多摩湖畔から登り、南側の檜原《ひのはら》村、湯久保《ゆくぼ》尾根を下ってみよう。

ＪＲ青梅線奥多摩駅から西東京バスで16分ほど乗り、深緑色の水を満々とたたえた奥多摩湖に出る。

奥多摩湖は都民の飲料水確保のため造られた人造湖である。昭和13年から工事を始め、戦争で中断したとは言え、約20年の歳月をかけ昭和32年にやっと完成したもので、水道用のダムとしては、世界でも有数のものである。もっとも、現在の取水は、利根川水系が中心で、多摩川水系は備蓄的な役割を担っている。

さて、堰堤の上の通路を通り、園地を経由して登山道に入る。いきなりの急登で汗だくだくになる。奥多摩方面の山は多摩川、秋川、日原川の急流で削られているので、登り始めがいきなりの急登が実に多い。入念な準備体操が必要となる。

石がごろついたり、岩が出ている歩きにくい尾根を行くと、サス沢山（標高９４０メートル）に出る。山頂は展望がよい。

ダムサイトの資料館「水と緑のふれあい館」のテレビカメラも設置されている。この先も何カ所か急坂を越え、右に水源巡視路を分け、大ブナ尾根の自然林の中を行く。岩交じりの急坂を十分に注意して登ると、ようやく惣岳山に着く。

惣岳山の惣は垂直に切り立つ岩の意味もある。北山麓の惣岳渓谷はまさにそうである。

さて、惣岳山の頂は小広く、ベンチもあり、西に三頭山を眺めながら、ゆっくり休憩したい所だ。周辺には4月下旬頃カタクリが咲きそろう。

カタクリ保護ロープの張ってある尾根道を東に行き、栃寄《とちより》方面から登って来た道を合わせる。その先のカタクリが道端に咲いている、岩が交じる斜面をジグザグに登ると、御前山の山頂の一角に出る。

西が開け、富士山がよく見える場所では大勢が休憩している。

細長い山頂部を行くと、カラマツに囲まれた御前山山頂に出る。カタクリ開花シーズンの土曜、日曜日は、それこそ都会並みの混雑である。携帯用のトイレを販売している団体がいる。確かに、大勢が山で用をたしたら、環境も変わり、植生にも変化が出るかもしれない。

中高年の登山ブームはそれ自体よいこと

御前山山頂

だと思うが、オーバーユース（過剰入山）になれば、いろいろな問題が発生するだろう。

　下山は東に樹林を下り、分岐で左の湯久保尾根に入る。なお、左へ入るとわずかでトイレのある御前山避難小屋に出る。

　さて、湯久保尾根に入ると、喧噪の坩堝《るつぼ》だった山とは、全く違う静寂な山に変わる。

　道すがら、何カ所もカタクリ群生地を通りながら、次第に高度を下げて行く。

　スギ植林が多くなり、いささか味気なくなってくる。

　仏岩ノ頭《ほとけいわのあたま》（標高１０１９メートル）の下を巻き、山腹の道をどんどん下る。ほどなく、左に巨岩の間に挟まるように鎮座している鑾野《すずの》神社の小祠を見る。

　山犬（ニホンオオカミ）のような狛犬が

神社を守っている。

　ここから、まっすぐ下ると湯久保集落の最上部に出る。この先は、舗装された一車線幅の道を下るが、案外と滑りやすいので要注意だ。回り込んで秋川沿いに進み、広くなった車道を下っていくと、御前山登山口のバス停に着く。

▼行程：ＪＲ青梅線奥多摩駅＝西東京バス・16分＝奥多摩湖↓1時間10分↓サス山↓1時間10分↓惣岳山↓20分↓御前山↓20分↓湯久保分岐↓1時間↓仏岩ノ頭↓1時間↓御前山登山口＝西東京バス・35分＝ＪＲ五日市線武蔵五日市駅

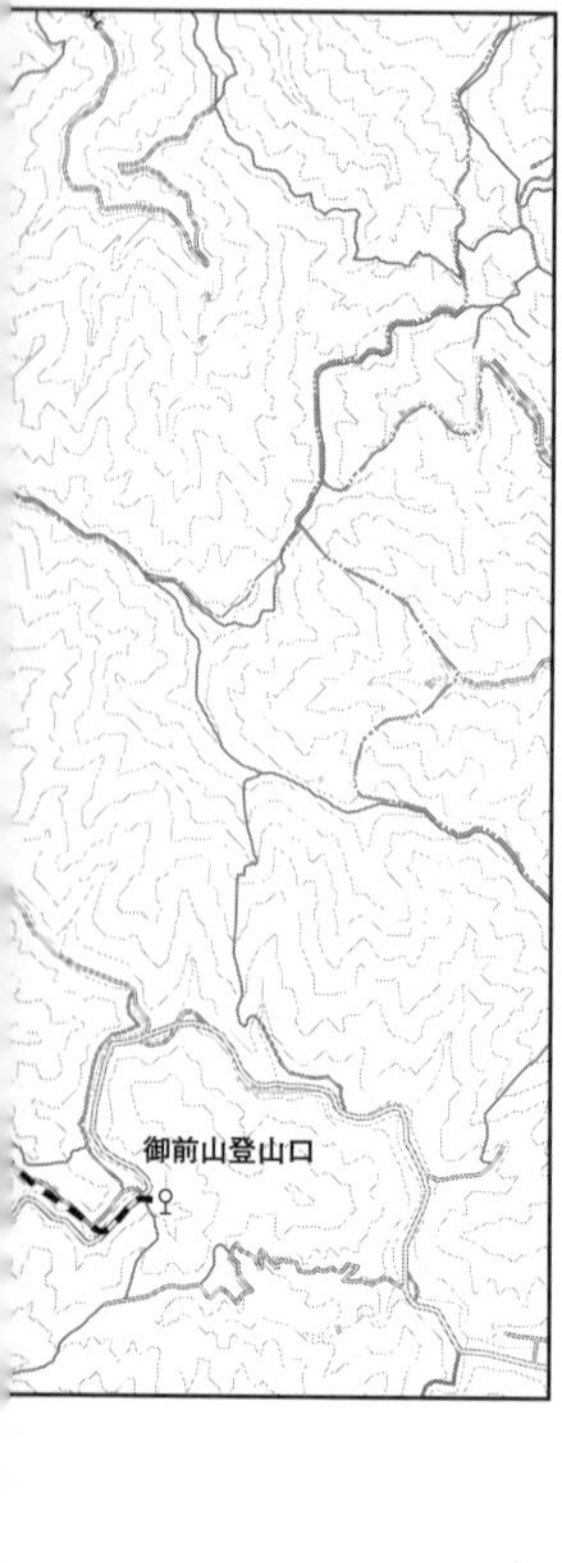

▼地図：国土地理院発行地形図2・5万分の1猪丸、奥多摩湖、五日市
▼問合せ：奥多摩町役場観光産業課0428-83-2112、奥多摩町観光協会0428-83-2152、檜原村役場地域活性課042-598-1011、檜原村観光協会042-598-0069、西東京バス五日市営業所042-596-1611
【思い出記録】

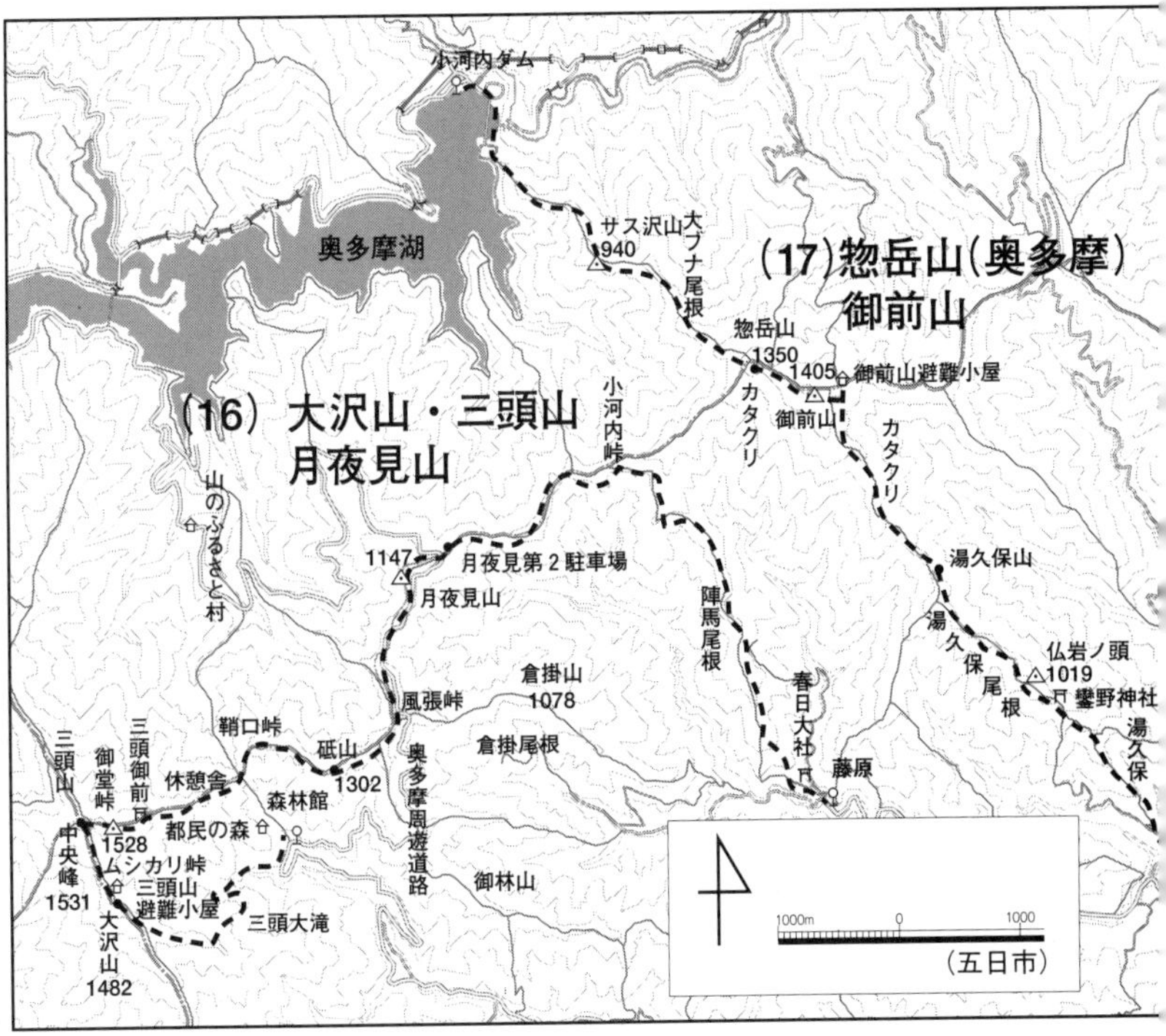
小河内ダム
奥多摩湖
サス沢山
940
大ブナ尾根
(17)惣岳山(奥多摩)
御前山
惣岳山
1350
1405
御前山避難小屋
御前山
カタクリ
カタクリ
(16) 大沢山・三頭山
月夜見山
小河内峠
山のふるさと村
1147
月夜見第2駐車場
月夜見山
湯久保山
陣馬尾根
湯久保尾根
仏岩ノ頭
1019
鑾野神社
湯久保
倉掛山
1078
風張峠
鞘口峠
砥山
1302
奥多摩周遊道路
倉掛尾根
春日大社
藤原
三頭山
御堂峠
三頭御前
休憩舎
森林館
1528
都民の森
中央峰
1531
ムシカリ峠
三頭山避難小屋
三頭大滝
御林山
大沢山
1482
1000m
0
1000
(五日市)

☆☆――歩程▼約6時間

(18) 槙寄山《まきよせやま》・丸山《まるやま》・土俵岳《どひょうだけ》

――紅葉や山野草を見ながら行く尾根道

【地図106頁】

三頭山から東南に続く長大な尾根が笹尾根である。その中にぽこっと頭を持ち上げる山々が槙寄山（標高1188メートル）、丸山（標高1098メートル）、土俵岳（標高1005メートル）である。スギ植林地が増えたが、それでも、ミズナラやモミジ類が生えている自然林も多く残っており、紅葉の時期はとくに美しい。

縦走路には峠が次から次へと現れ、檜原《ひのはら》村と上野原《うえのはら》町との交流が深かったことがわかる。

《ガイド》

ＪＲ中央線上野原駅前から富士急山梨バスで飯尾《いいお》行に乗る。終点の一つ前の郷原《ごうばら》で下車する。郷原集落は明るい緩やかな斜面

北面が樹林の槙寄山山頂

にある。上野原町西原《さいばら》地区の中心地で、小中学校、高校や郵便局などがある。

東の棡原《ゆずりはら》と同じように、ここも長寿の人が多い。穀物や野菜中心の食事と日だまりの丘の農作業が長命の源、と古老が話してくれた。

さて、宝珠寺《ほうじゅじ》の横を通り、山腹の畠の中の小道を行き、獣防止の網をくぐって、スギ、ヒノキの植林地を急登する。

はっきりとした尾根に上がっても、相変わらずのジグザグの急登が続く。

おつね伝説を書いた看板を過ぎ、自然林の中を行くようになると西原峠も近い。槙寄山頂下で右に折れ、山腹の道を行くと西原峠に飛び出す。

静かな峠である。檜原村の数馬へつながる道が北に下っている。

丸い山名表示柱が立つ丸山山頂

槙寄山は左へわずかに登った所にある。南西の方向に樹木が刈り払われており、展望がなかなかよい。カラマツやスギの丸太がベンチ代わりになっている。

北側も落葉樹が多いので、晩秋から春にかけて、三頭山や御前山が枝越しに見える。

大休止の後、西原峠に戻り、笹尾根の縦走に入る。尾根のわずか北につけられた道を気持ちよく歩く。

田和《たわ》に下る峠を過ぎ、笹ガタワ峰の下を通過し、右にカーブしながら山林を行く。この付近から左へ、隠れた名山、大羽根山《おおはねやま》への道があるが、夏季は薮が深く道を失うことが多いので要注意だ。

さて、縦走路をさらに進み、ピークを越えると、笛吹峠《うずしきとうげ》に出る。大日と彫った卵形の石が立っているので、大日峠とも言われる。

なお、笛吹は難解地名の一つで、笛を吹くとウソ（野鳥）が鳴くように聞こえたので、ウソフキがウズシキに転訛したともいう。

ここから丸山へは北の山腹の道を行き、途中で右へ直登する。登山地図などで峠から尾根伝いの直登道が記載してあるが、道は薮に埋もれている。

丸山の山頂は丸く小広い。展望は北方面

に利く。

次の土俵岳にはスギ植林の中の道を直進する。右にはっきりした道があるが、これは上野原の小棡《こゆずり》集落に下る道だ。

植林地を抜け、左から丸山を巻く道を合わせ、大きく下って小棡峠を経て、だらだらとした道を登り返すと、土俵岳の一角に着く。山頂は細長く東端に古ぼけた山名表示柱が立っている。防火用水の入っているドラム缶が数本横にある。

土俵ほどの広さ（直径15尺）の山頂であるが、偶然だろう。

この先、急下降で日原峠に出る。道の真ん中に石仏が立っている。なお、この峠から左へ、檜原村側に5分ほど下ると湧き水がある。雨季以外でもこんこんと湧くので、水補給に最適だ。

縦走路は少し左の山腹を下り、かなりきつい登り返しで877米《メートル》のピークに出る。樹木に説明版がついており、サワラとヒノキの区別を教えている。

自然林が多くなった尾根をさらに進むと、時折、どーんという音が聞こえてくる。この真下にある甲武トンネルに出入りする車による空気衝撃音である。

尾根が右に少し曲がり始めると、下の方に休憩舎が見えるようになる。浅間峠《せんげんとうげ》である。

スギの大木の根本に祠がある。しめ縄も張ってある。今日一日の山行安全を感謝して賽銭を納める。

笹尾根はまだまだ続くが（熊倉山《くまくらやま》他のコース参照）、今回はここで下山しよう。

左の緩やかな道を下り、最後に植林地の

落ち葉に埋まる浅間峠の休憩舎

急下降をし、トンネルから出てきた車道を下って上川乗《かみかわのり》に出る。

▼行程：JR中央線上野原駅＝富士急山梨バス・55分＝郷原→1時間40分→西原峠→槙寄山（往復10分）→西原峠→1時間20分→笛吹峠→10分→丸山→50分→土俵岳→1時間→浅間峠→50分→上川乗＝西東京バス・40分＝JR五日市線武蔵五日市駅

▼地図：国土地理院発行地形図2・5万分の1猪丸

▼問合せ：檜原村役場地域活性課042-598-1011、檜原村観光協会042-598-0069、西東京バス五日市営業所042-596-1611、富士急山梨バス上野原営業所0554-63-1260

【思い出記録】

☆☆――歩程▼約5時間20分

(19)熊倉山《くまくらやま》・三国山《さんごくやま》・生藤山《しょうとうさん》・連行峰《れんぎょうほう》

――富士山を展望しながらの尾根道歩き

【地図106頁】

前コースの笹尾根の後半にある山々。どの山からも富士山がよく見える。熊倉山（標高966メートル）、三国山（標高960メートル）、生藤山（標高990メートル）、連行峰（標高980メートル）とほぼ同じ標高の山々をアップダウンを繰り返しながら縦走する。中ほどの三国山周辺はソメイヨシノが多く、春には花吹雪の中を歩く。

《ガイド》

ＪＲ五日市線武蔵五日市駅から西東京バスで檜原《ひのはら》村方面へ行き、上川乗《かみかわのり》で下車する。檜原村では数少ない信号で、左に折れ、甲武トンネルへの道を行く。

ヘアピンカーブを２回曲がると浅間《せんげん》峠登山口に着く。３、４台駐車出来る駐車場がそばにある。

道標に従い、左の登山道に入る。木橋を渡り、急斜面のスギ植林地の中をジグザグに登って行く。木漏れ日が当たる登山道の脇には、季節季節に様々な山野草が見られるので、花々を眺めながらのんびりと登る。尾根の先端に乗ると、小祠があり、いくばくかの賽銭を奉納し、山行の安全を祈る。

ここから先は緩やかな道になり、爽やかに吹く風を受けながら行く。馬頭観音の石仏が半分、土に埋まりながら佇《たたず》んでいる。スギが植えてはあるが、付近は70度はある急斜面である。昔、馬がここで落ちて死んだのかもしれない。

尾根を左に乗り越し、自然林の中を行くと、ほどなく浅間峠である。小広い平坦地で休憩舎もあり、大勢の登山者が休んでいる。脇にあるスギの根本に祠があり、幹に、しめ縄が張ってある。

浅間とは富士山のことで、この峠から富士山がよく見えたという。今は甲州側に少し下った箇所から、よく見える。

さて、浅間峠（国土地理院の2万5千分の1地形図の位置は少し違う）からピークを2つ巻きながら、栗坂峠《くりさか》と呼ばれる鞍部を越え、4つほどピークを越えるとようやく熊倉山頂の一角に出る。ミツバツツジやクロモジ、ダンコウバイの多い尾根をわずかに行くと、山頂である。南に展望が開け、富士山が大きくその秀麗な姿を見せる。さすが、関東ふれあいの道・富士見のコースだけのことはある。

山頂を辞し、急坂を下る。この付近の北斜面にはカタクリが多い。なお、カタクリは生育環境が特殊であるので、持ち帰って

三国山山頂

もよく育たない。山や丘陵の自然の中で見るカタクリが一番美しい。

さて、二つ目のピークにはコンクリート造りの軍刀利《ぐんだり》神社（山梨県側の山腹に本社や奥の院がある）の元宮が鎮座している。広い平坦地で周囲にはソメイヨシノやヤマザクラが植えてある。数年後には美しく咲き競うだろう。

下って登り返すと三国山である。やはり、展望が素晴らしい。ベンチやテーブルもあり、サクラ見物の人も登って来ている。ちなみに神奈川県の佐野川《さのがわ》峠からは桜並木の中を通って来る。

三国山は文字通り、武州（東京）、甲州（山梨）、相模（神奈川）の三カ国の境にある。

ここからは、笹尾根の最終部分の生藤山

や連行峰を目指そう。

　小鞍部（三国峠）を越え、少し登り返すと、二等三角点のある生藤山である。樹木が刈り払われ展望がよい。

　次に、生藤山より20メートルほど高いが、これと言って特徴もない茅丸《かやまる》（標高1019メートル）を踏み、本日最後の峰、連行峰に向かう。

　3回ほどアップダウンの末、連行峰（道標には連行山と表記）に着く。山頂は細長く、北に展望が開ける。

　ここから左へ、三国峠みちと名づけられた万六《ばんろく》尾根を下る。薮が所々にある尾根であるが、道の形はしっかりしているので、大丈夫だ。万六ノ頭《ばんろくのあたま》の左を巻きながら高度を下げ、祠のある峠風の尾根先端部に着く。

　これからは急下降が待っているので、休憩ならびにストレッチ体操などをして、下りたい。

　スギ植林地を抜け、秋川を渡り、少し登ると、柏木野《かしわぎの》バス停である。

▼行程：JR五日市線武蔵五日市駅＝西東京バス・40分＝上川乗→10分→浅間峠登山口→1時間20分→浅間峠→40分→熊倉山→30分→三国山→10分→生藤山→40分→連行峰→1時間50分→柏木野＝西東京バス・35分＝JR五日市線武蔵五日市駅

▼地図：国土地理院発行地形図2・5万分の1猪丸、五日市

▼問合せ：檜原村役場地域活性課042-598-1011、檜原村観光協会042-598-0069、藤野町役場産業課0426-87-2111、西東京バス五日市営業所042-596-1611

【思い出記録】

☆☆——歩程▼約5時間30分

(20)松生山《まつばえやま》・浅間嶺展望台《せんげんれいてんぼうだい》・一本松山《いっぽんまつやま》

——古甲州道が通った尾根道を歩く

【地図106頁】

檜原村の中央を標高1000メートルほどの尾根が突き抜けている。浅間《せんげん》尾根と呼ばれるこの尾根には古い道が通っている。

甲州（甲斐国）から武州（武蔵国）につながる古甲州道である。

木炭や穀物、織物などを積んだ馬の轡《くつわ》を引いた村人が、浅間尾根道を行き交ったという。尾根には松生山（標高934メートル）、浅間嶺展望台（標高890メートル）、一本松山（標高930メートル）のピークが頭を持ち上げている。

《ガイド》

JR五日市線武蔵五日市駅から西東京バスで小岩、藤倉方面行きのバスに乗車し、払沢ノ滝《ほっさわのたき》入口で下車する。数馬《かずま》行きのバスも一部に、ここを経由して迂回するバスがある。

払沢ノ滝まで往復で20分くらいなので足慣らしに行ってみるのも一案だ。お坊さんが持つ払子《ほっす》に似た滝である。毎年、2月上旬に完全氷結して、見事な氷の芸術を披露してくれる。檜原村では完全氷結の日を予想するクイズを行っている。最近は暖冬のせいか、はたまた、地球温暖化のせいか、ここ5、6年、完全氷結はしないようだ。

さて、本日の主目的の浅間尾根道に向かおう。

道標に従い、駐車場の脇の車道を行く。途中に左に近道があるので、こちらに入る。車道を3回ほど横切り、トイレがある箇所に出る。

周囲を見渡せば山腹にへばりつくように数軒の民家が建っている。時坂《とっさか》集落である。南東に向いている山腹であるので日当たりがよく、冬でも日が当たり始めたら、コタツやストーブもいらないそうだ。

集落の一番上にある時坂峠に出よう。古甲州道と呼ばれた道を登り、尾根の鞍部にある峠に出る。小さな神社があり、しめ縄が風に吹かれて揺れている。

往時、甲州に向かう旅人は、ここまで上がると、あとはそんなにつらくない、一服していこうと、お堂もあったここで、たっぷりと休んだという（お堂は今はない）。

ところで、これも伝説であるが、檜原村の古い童歌に「朝日さし、夕日さすその所に金銀財宝がある」の一節があるという。檜原《ひのはら》村でそのような場所はこの時坂峠しかないと、実際に掘ってみた人がいたそうだ。

浅間嶺展望台

しかし、金銀はなかったという。

さて、峠から尾根の西側をたどり、車道を合わせ、土産物店に出る。入口に沢から引いてきた清水が勢いよくほとばしっているので、水筒に入れさせてもらう。

店の前からは湯久保《ゆくぼ》尾根（御前山《ごぜんやま》から派生した尾根）が雄大に見える。

車道が終わり、登山道を登る。瀬戸沢《せとざわ》の一軒屋と呼ばれる古民家（現在蕎麦・うどん店）に出る。この手前に、松生《まつばえ》峠経由で松生山へ行く道があるが、何カ所か崩壊しているので入らない方がよい（高巻きすれば行けなくはないが）。

瀬戸沢の一軒屋の庭やその周辺にはクリンソウが群生していたが、最近はかなり減ってきてしまい、残念だ。

この先、石畳が残る沢沿いの道を一部急

登して、その先の緩やかな尾根道を行く。コナラやクヌギなどの落葉樹が美しい所だ。ニホンザルもこの辺りによく出没する。

小岩分岐で左に登り、鞍部で松生山に向かう。少し薮が多いが、最近通る人が多くなり、迷うことがなくなった。尾根を直登して小ピークを三つほど越えると松生山だ。昭和の初期に檜原街道筋から見上げたこの山には、大きな松が数本立っていたそうだが、今は潅木に覆われているだけだ。

元に戻り、鞍部から尾根道を行き、浅間嶺展望台に出る。南に富士山や笹尾根、北に御前山や大岳山《おおだけさん》が屹然《きつぜん》と聳えている。ここは立派な独立嶺と言える。

この尾根に戦後まもなくスキー場が開かれたが、雪が積もらず、すぐに閉鎖したという。ソメイヨシノやヤエザクラが数多く植えられ4月下旬には花見の客で賑わう。

浅間嶺は休憩舎がある窪地に一旦下って、登り返した所にある。塚のように丸い山頂に小祠が立っている。こちらは展望は期待出来ない。

休憩舎から右に下り、登山道をさらに西に行く。人里《へんぼり》分岐を右に見て、緩やかな尾根道を行く。途中2カ所ほどの桟道を渡り、窪地を通ると、石仏の立っている一角に出る。ここから一本松山頂まで5分もあれば着くので、行ってみる。

スギの植林地にある静寂な山である。北の方が自然林なので、葉が落ちた晩秋から春にかけては、御前山が、枝の向こうに雄大に聳えているのが見える。

元に戻り、引き続き尾根道を行くと、石仏が侘しく立つ数馬分岐（風張峠《かざっぱり》への道標あり）に出る。南側が伐採されて展望が開ける。

浅間尾根道はまだまだ続くが、長丁場だったので、今回はここで数馬集落に下ることにしよう。

左にスギ、ヒノキの植林地を下る。北秋川の藤原集落から来た林道を横切り、民家の間を抜けて、再び林道に出る。右に道なりに下るとほどなく、浅間尾根登山口バス停に出る。

ここから武蔵五日市駅まではバスで52分ほどかかる。

なお、1キロほど奥に行くと檜原温泉センター「数馬の湯」に出る。バスの待ち時間が長いときには寄ってみたい。アルカリ性単純泉で26・5℃の源泉を加熱している。筋肉痛や疲労回復に効果があるそうだ。

▼行程：JR五日市線武蔵五日市駅＝西東京バス・25分＝払沢の滝入口→払沢ノ滝（往復20分）→50分→時坂峠→1時間20分→小岩分岐→15分→松生山・浅間嶺展望台分岐→松生山（往復40分）→10分→浅間嶺展望台→1時間→一本松山→20分→数馬（風張）分岐→40分→浅間尾根登山口＝西東京バス・52分＝JR五日市線武蔵五日市駅

▼地図：国土地理院発行地形図2・5万分の1五日市、猪丸

▼問合せ：檜原村役場地域活性課042-598-1011、檜原村観光協会042-598-0069、西東京バス五日市営業所042-596-1611、檜原温泉せんたー「数馬の湯」042-598-6789

【思い出記録】

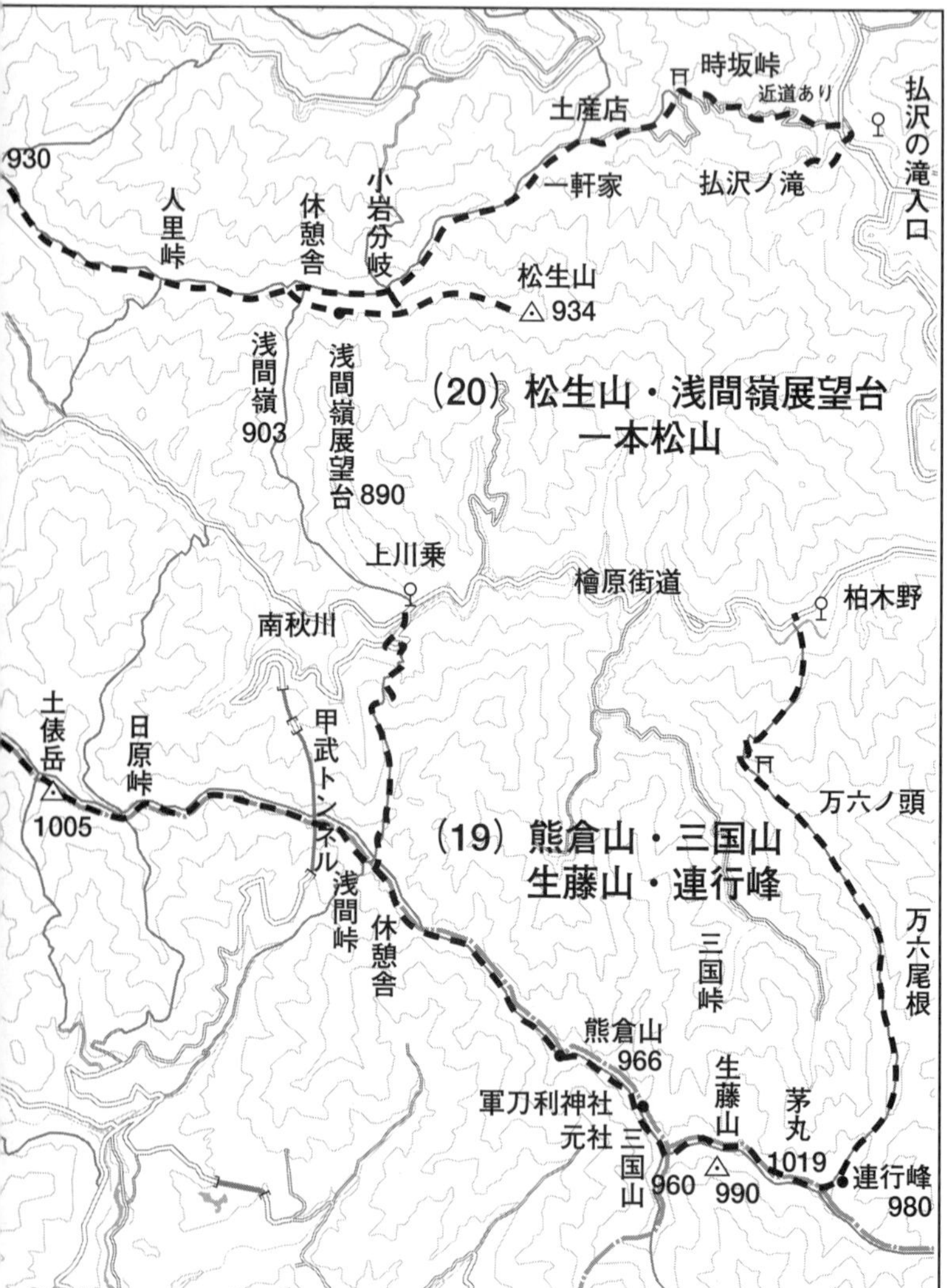
時坂峠
近道あり
土産店
払沢の滝入口
930
一軒家
払沢ノ滝
人里峠
休憩舎
小岩分岐
松生山
934
浅間嶺
903
浅間嶺展望台
890
(20) 松生山・浅間嶺展望台
一本松山
上川乗
檜原街道
柏木野
南秋川
土俵岳
1005
日原峠
甲武トンネル
万六ノ頭
(19) 熊倉山・三国山
生藤山・連行峰
浅間峠
休憩舎
三国峠
万六尾根
熊倉山
966
軍刀利神社
元社
生藤山
茅丸
1019
三国山
960
990
連行峰
980

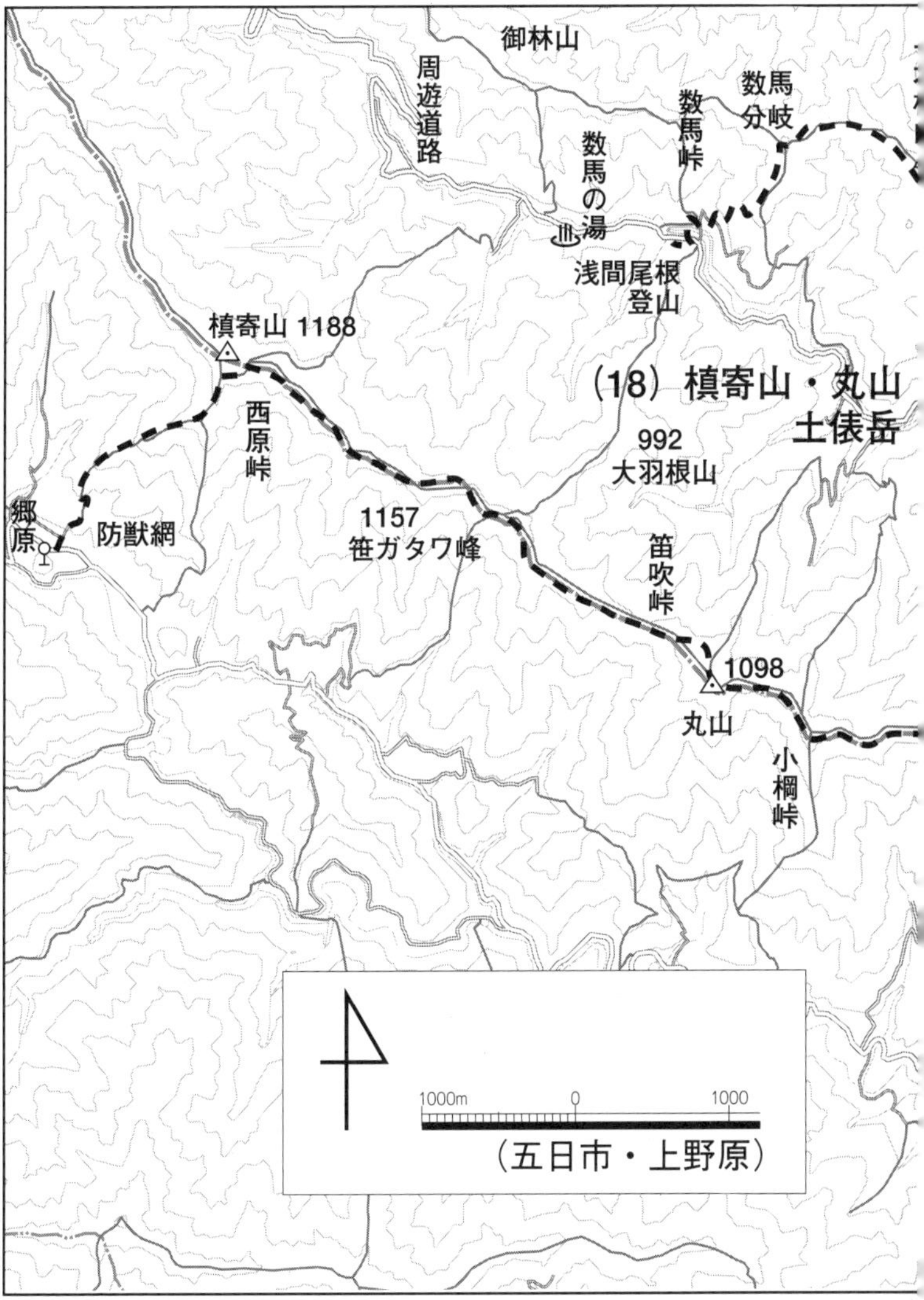
御林山
周遊道路
数馬の湯
数馬峠
数馬分岐
浅間尾根登山
槙寄山 1188
(18) 槙寄山・丸山
土俵岳
西原峠
992
大羽根山
郷原
防獣網
1157
笹ガタワ峰
笛吹峠
1098
丸山
小棡峠
1000m
0
1000
(五日市・上野原)

☆☆——歩程▼約4時間25分

(21) 馬頭刈山《まずかりやま》・鶴脚山《つるあしやま》——見晴らしのよい尾根歩きと滝巡り

【地図132頁】

大岳山《おおだけさん》から続く馬頭刈尾根の後半のある二つのピークが馬頭刈山（標高884メートル）と鶴脚山（標高916メートル）である。馬頭刈山の名は、大岳山から望んで、山頂下に一列に植えられたスギが馬のたて髪に見えたから（『奥多摩』宮内俊雄著）の説がある。

鶴脚山は岩の突起から出る尾根をツルアシと言ったことから由来している（同書）。

《ガイド》

ＪＲ五日市線武蔵五日市駅から養沢《ようざわ》方面行きの西東京バスに乗る。

十里木《じゅうりぎ》でバスは檜原《ひのはら》街道から離れ、秋川の支流養沢川沿いの道に入る。谷筋は案外に広く開けて明るい。

日だまりの平和な山村風景を眺めながら行くと、ほどなく軍道《ぐんどう》に出る。軍道と変わった地名であるが、いわれははっきりしない。甲斐の武田軍が通った道とか、諸説がある。

　さて、軍道バス停から小学校の横を車道を登り、尾根上の集落の中に行く。日当たりのよい南斜面に20軒ほどの家々が軒を寄せ合っている。高明《こうめい》神社里宮の下を左に入り、沢沿いの道を行く。林道を2度横切ると本格的な登りとなる。

　ジグザグを繰り返して登って行くと、左に乙津《おつ》集落から登ってくる道と合う。バスの本数の多い、荷田子《にたご》から来る道なので、一時はよく使われたが、最近は崩壊地もあり、全体的に荒れている。

　さて、少し先で大きな鳥居をくぐる。祠もある台地状の尾根であるが、平成14年に山火事が発生し、黒く焼けたマツやモミの巨木が無残な姿をさらしている。

　やはり、山で怖いのは火事であろうか。何十年も丹精込めて育てたスギ、ヒノキもわずかの時間で消滅してしまう。また、自然林であればなおさらで、何百年もかかって培ってきた豊饒の森が紅蓮《ぐれん》の炎に消えてしまう。

　この先、参拝道の雰囲気が漂う、スギが立ち並ぶ道を登る。小さい鳥居を過ぎると、そこは平坦地になっており、建築の基礎石が残っている。高明神社奥の院があった所だ。裏のこんもりとした森が光明山《こうみょうさん》（標高798メートル）。国土地理院の2万5千分の1地形図では高明山になっている。

　どこがピークかわからない光明山のそばを通り、北が開けた明るい小鞍部に出る。ここから2段になった急坂を登り終えると、小広い平坦地の馬頭刈山頂に着く。以前あった展望台は撤去され、さっぱりとしている。自然林に取り囲まれているが、北西の方向に樹木が刈り払われており、大岳山が険峻な山容を見せる。

　大休止の後、西に急下降する。鞍部で左に泉沢《いずさわ》への道を見送り、長々と続く木の階段道を登る。この部分は標高で１００メートルほど下り、１５０メートルほど登るので、いささか疲れる所だ。

　鶴脚山は岩が交じる山頂である。やはり、枝越しに大岳山が見える。

　この先は、岩とアセビなどの低木が織りなす庭園風にも見える尾根道を下る。

　左に茅倉《ちくら》、千足《せんぞく》への道を見送り、尾根道をさらに西へ行く。電波反射板を過ぎ、スギ植林の中を急登し、いくつかの岩峰の下を通り、巨岩のつづら岩に出る。ロッククライミングの練習ゲレンデにもなっており、休日には若いクライマーが果敢に挑戦している姿を見る。

　つづら岩から、地元で天狗の馬鹿尾根と呼ばれる急な尾根を下る。足場が悪く、いやな尾根を、足を踏ん張り下る。大きなモミが何本も立っている所から道はよくなり、ほどなく綾滝《あやたき》に出る。

　一枚岩をさらさらと軽やかな音を立てて、泡立った水流が落ちている。泡滝《あわたき》の別名もあるが、うなずける。

　檜原城の落城後、綾姫がここで隠遁生活をしたという伝説のある滝である。

　この先、沢を2回ほど渡り返しながら下ると、右下に大きな滝が見える。右に急下降の道が見えるので、そこを下る。今度はどどーと轟く男性的な天狗ノ滝の滝壺に出る。落差30メートルはありそうな勇壮な滝である。対岸の崖に沿った道を下り、滝を巻く道を合わせて舗装された林道を10分も下ると、千足バス停に出る。

あきる野市・五日市の町から見た馬頭刈山と鶴脚山

▼行程：JR五日市線武蔵五日市駅＝西東京バス・15分＝軍道→1時間20分→高明神社跡→15分→馬頭刈山→30分→鶴脚山→1時間→つづら岩→30分→綾滝→30分→天狗ノ滝→20分→千足＝西東京バス・30分＝JR五日市線武蔵五日市駅

▼地図：国土地理院発行地形図2・5万分の1五日市、武蔵御岳

▼問合せ：あきる野市役所商工観光課042-558-1111、あきる野市観光協会五日市駅前案内所042-596-0514、檜原村役場地域活性課042-598-1011、檜原村観光協会042-598-0069、西東京バス五日市営業所042-596-1611

【思い出記録】

☆☆——歩程▼約4時間40分

(22) 臼杵山《うすぎさん》・市道山《いちみちやま》——嫁取り坂から養蚕の神が宿る峰へ

【地図132頁】

檜原《ひのはら》村から八王子方面への古い山道が通るこの山域は、戸倉《とくら》三山とも言われる山深い所である。

臼杵山（標高842メートル）の山頂は南北二つの峰に分かれる。北峰には養蚕の神を祀った臼杵神社が鎮座している。

市道山（標高795メートル）には五日市の市に木炭などを運んだ古い道が通る。

《ガイド》

JR五日市線武蔵五日市駅前は、シーズン中の土曜、日曜日は登山者で賑わっている。ほとんどが中高年の登山者で、色とりどりのウエアーを着てバス発着場に並んでいる。どの顔も笑顔で楽しそうである。筆者の若い頃は、山は若者の世界であった。30数年ですっかり様変わりしてしまったものだ。

出だしから話がそれてしまったが、西東京バスで檜原村に向かう。車窓には、次々

臼杵山北峰の臼杵神社

と姿を変える山々や渓谷が映る。

笹平《ささひら》で下車し､左の小坂志川《こさかしがわ》林道に入る。別荘が建っている先で、道標に従って左の階段を下り、木橋を渡る。滑りやすい橋を注意して渡り、対岸の尾根に取りつく。

のっけからの急坂である。ジグザグに登って行く。尾根に登ると、一旦緩やかになる。左の谷（カナバ沢）から吹き上がってくる風は頬に心地よい。この辺りはカエデの類やダンコウバイやコナラなど落葉樹が多く、秋には錦絵のような光景になる。

この先、急坂を2カ所ほど登る。嫁取り坂の中心地である。明治から昭和の初期にかけて、檜原村の若い衆がこの坂を登って八王子や恩方《おんがた》の機屋に出稼ぎに行った。女衆がこの坂で、着物の裾をはしょって登ったのを、後から男衆が見て喜んだりしてい

るうちに、恋も芽生え、後に村に戻って結婚した例も多かったと伝えられている。

再び緩やかになったら、市道山の山頂ともいえる一角に出る。三等三角点は２００メートルほど南に行った所にある。ここに山頂表示柱が立っている。樹木がじゃまして展望がない。

この先、急坂をわずか下った所に、一歩《いっぽ》地《ち》という分岐箇所がある。ここから八王子市の醍醐《だいご》や恩方に下る道が出ている。

さて、次の臼杵山へ回ろう。少し戻って、北に木の枝や幹につかまりながらの急下降で、一気に１５０メートルほど高度を下げて峠風の小鞍部に着く。せっかく登ったのにもったいない感じがする。

ここから登り返して臼杵山に行くが、案外とだらだら長く、いささか飽きる。かなり登ったあと、さらにアップダウンを３回ほど繰り返して、臼杵山の南峰に出る。

南側がスギ植林で西や北が自然林である。葉が落ちた晩秋から春にかけては浅間《せんげん》尾根や笹尾根方面がよく見える。鹿ん丸とも言われたこの峰には、猪が寄生虫などを取るための泥あびをするヌタ場があったという。

軽く下って、登り返すと細長い山頂の北峰に出る。

突端に養蚕の神を祀った臼杵神社が鎮座している。紅白２本ののぼり旗が風にはたはたと鳴っている。

狛犬は大嶽《おおたけ》神社のものと同じ顔をしている。養蚕の敵、鼠を捕る猫が狛犬に代わって神社を守っていると言うが、山犬（ニホンオオカミ）に似ている。

下山には二つのコースがある。ひとつは北西の檜原村の元郷《もとごう》に下るもの。もうひとつは北東に延びる茱萸《ぐみ》尾根を下り、あきる野市の荷田子《にたご》に出るものである。前者は急な木製階段を数百段も下る道を行くが、その分所要時間が短く、1時間弱でバス停に出る。

かなり歩いて膝も痛くなったので、少し緩い茱萸尾根を下ることにしよう。所々に展望が開ける尾根を下り、北の山腹を巻くようになると、半分埋まった小祠がある場所に出る。その昔大きなグミの木があったという所だ。この先は尾根に忠実にたどり、荷田子峠に出る。

ここから左へスギ植林の中を急下降し、ニホンザル侵入を防ぐ電気柵をくぐり、リンゴ果樹園の横を通り、バス停に出る。

▼行程：JR五日市線武蔵五日市駅＝西東京バス・30分＝笹平→1時間30分→市道山→1時間20分→臼杵山南峰→5分→臼杵山北峰→40分→茱萸御前→40分→荷田子峠→20分→荷田子＝西東京バス・15分＝JR五日市線武蔵五日市駅

▼地図：国土地理院発行地形図2・5万分の1五日市

▼問合せ：檜原村役場地域活性課042-598-1011、檜原村観光協会042-598-0069、あきる野市役所商工観光課042-558-1111、あきる野市観光協会五日市駅前案内所042-596-0514、西東京バス五日市営業所042-596-1611

【思い出記録】

☆☆――歩程▼約5時間30分

(23) 刈寄山《かりよせやま》――戸倉三山の一つ刈寄山に登る

【地図132頁】

あきる野市西部の盆掘川《ぼんぼり》（秋川支流）流域は周囲を700メートル《メートル》級の山々がぐるりと取り巻いている。戸倉三山と呼ばれる山域である。

その東端にある刈寄山（標高687メートル《メートル》）は展望もよく、休憩舎もあるので、入山する人が多い。ただ、山腹では何カ所か採石作業のため削られ、楽しい尾根歩きが出来た篠八窪《しのはちくぼ》尾根は入山禁止になっている。

《ガイド》

ＪＲ五日市線武蔵五日市駅から帝京八王子高校方面への西東京バスで今熊まで行く。以前は、細い道をあえぎながら登ったバスも、平成14年に貫通した新しい小峰《こみね》トンネルを快調に通る。

今熊《いまくま》バス停から右に川口川沿いの道を行く。鄙びた集落の中をのんびりと歩く。どの家も庭や垣根に花々を植えており、春、夏、秋と季節季節の花が美しく咲きそろう。

新多摩変電所への道を右に見送り、さらに奥に行く。

立派な今熊神社遥拝所から右に、山腹を登る参拝道を行く。2度ほど大きくカーブをして尾根に上がり、尾根道を行く。トイレを過ぎると右に今熊山・今熊神社への道を分け、さらに奥へ行く。八王子やあきる野の山々には山砂利採掘場や、砕石作業場が多く、うるさい轟音がここまで聞こえて来る。

523メートルのピークを右に巻き、一旦下って、大きく登り返し、いくつか小ピークを越えて刈寄山分岐に出る。右へ急下降して急坂(本コースで最も厳しいが長くはない)を登り返すと刈寄山である。西の方に展望が開け、奥多摩の山々が大きく見える。

休憩舎の脇には、花が咲くと吉が来るというキチジョウソウが生えている。

昼食休憩の後、元の道を戻り、今熊分岐を経て新入山峠《しんいりやま》に出る。ここには車道が登って来ている。

ここから再び尾根に登り、鳥切場《とっきりば》のピークから左に急下降して、先ほどの新入山峠から来た林道のトンネルの上に出る。すぐ先で、右に下る。薮が覆いかぶさる箇所もあるが道形はしっかりしている。盆掘林道に出てからは車道歩きではあるが、車も来ない静寂な中をのんびり下り、醍醐集落を経て、上恩方の関場《せきば》バス停に出る。

刈寄山山頂

▼行程：JR五日市線武蔵五日市駅＝西東京バス・9分＝今熊↓20分↓今熊神社遥拝所↓30分↓今熊山・今熊神社分岐↓1時間40分↓今熊分岐↓20分↓刈寄山↓15分↓今熊分岐↓5分↓新入山峠↓30分↓鳥切場↓30分↓盆掘林道↓1時間20分↓関場＝西東京バス・45分＝JR中央線八王子駅

▼地図：国土地理院発行地形図2・5万分の1五日市

▼問合せ：あきる野市役所商工観光課042-558-1111、あきる野市観光協会五日市駅前案内所042-596-0514、八王子市役所商工課0426-20-7378、八王子市観光協会0426-20-7381、西東京バス五日市営業所042-596-1611、西東京バス恩方営業所0426-52-1771

【思い出記録】

☆☆――歩程▼約2時間10分

(24)戸倉城山《とくらじょうやま》――山桜の古木を見て登る古城跡

【地図132頁】

あきる野市五日市の中心街を西に歩くと、前方にそそり立つ山が戸倉城山である。標高は434メートルしかないが、見かけはもっと高く見える。

戦国時代にこの地方を治めた大石定久の城があった山である。山麓の光厳寺《こうごんじ》には都の天然記念物の樹齢500年にもなるヤマザクラの大木がある。

《ガイド》

JR五日市線武蔵五日市駅から西東京バスで戸倉まで行く。

バスを降りてから、少し戻り、酒造所の反対側の道に入り、戸倉小学校の横を通り、光厳寺《こうごんじ》に出る。森に埋もれるように建つ、この寺は臨済宗建長寺派の名刹で、700年ほど前に足利尊氏《あしかがたかうじ》が開寺したという。

4月中旬（都内の桜の開花より2週間後）には、庭先の菜の花の向こうに、白山桜と呼ばれるヤマザクラの古木が華やかな花を咲かせる。

さて、戸倉城山へは左の山腹を回り込んで小尾根を登る。一部の滑りやすい所を通過して、急坂を登り切り、岩の階段を登ると、ひょっこりと山頂に出る。

戸倉城山の頂にはテーブルやベンチもあって休憩に都合がよい。東に展望が開け、五日市の家々が米粒のように見える。

山頂付近には戸倉城の本丸や二の丸の跡がある。

滝山《たきやま》城主だった豪族大石定久《おおいしさだひさ》が、城を北条氏照《ほうじょううじてる》に譲って、この戸倉の山城に移り住んだという。

山城にとって生命線とも言える井戸も北側の樹林の中にあった。今もわずかであるが水が湧き出している。

下山は西に少し行った所から右に西戸倉バス停へ下るコース（約30分）と西に尾根伝いに荷田子《にたご》峠から荷田子バス停へ出るコース（約1時間30分）がある。

今回は後者のコースを行ってみたい。

山頂から西に張り出した尾根（臼杵山から続く茱萸《ぐみ》尾根の末端）をアップダウンを繰り返しながら、送電鉄塔のある地点や391メートル《メートル》のピーク（盆掘山《ぼんぼりやま》）、山の神を祀った小祠のあるピークを経て、一部が細くなった尾根を行く。アセビやヒサカキ、アオキが多い。尾根道はよく踏まれており、道標も要所に設置してあるので迷うことはない。

荷田子峠からは右に山林の中を下降し

戸倉城山

て、ニホンザル防御の電気柵を通り、バス停に出る。

▼行程：ＪＲ五日市線武蔵五日市駅＝西東京バス・6分＝戸倉→10分→光厳寺→30分→戸倉城山→20分→送電鉄塔→20分→３９１メートルピーク（盆掘山）→30分→荷田子峠→20分→荷田子＝西東京バス・13分＝ＪＲ五日市線武蔵五日市駅

▼地図：国土地理院発行地形図２・５万分の１五日市

▼問合せ：あきる野市役所商工観光課０４２-５５８-１１１１、あきる野市観光協会五日市駅前案内所０４２-５９６-０５１４、西東京バス五日市営業所０４２-５９６-１６１１

【思い出記録】

☆——歩程▼約2時間

(25) 金比羅山《こんぴらさん》——野鳥を探しながら登る岩峰

【地図132頁】

あきる野市五日市の北西に日ノ出山《ひのでやま》に至る長大な尾根、金比羅尾根がある。その尾根の途中に展望のよい台地がある。

琴平《ことひら》神社が建っており、周囲は苑地風に整備されている。神社の裏には巨岩があり、頂に石仏が安置されている。この辺り一帯が金比羅山（標高450㍍）である。

登り下り2時間の気軽なコースで、足慣らしのハイキングに適する。

《ガイド》

ＪＲ五日市線武蔵五日市駅から中心街を西に行く。

信号5つ目の五日市庁舎入口から、右へ入り、あきる野市役所五日市庁舎横を回り込む。曲がり角にある道標に従い、金比羅尾根道に入る。

山間の鄙びた風景の中を行き、古い薬師堂の手前で右に上がる。森の上をオナガが長い尾を振りながら飛んで行く。最近、多摩地区の山中に増えたガビチョウがチュルチュルと忙しく鳴く。目を凝らして見ると、目の上に眉を描いたような顔をしている。

このコースは地元の愛鳥家たちの尽力で鳥がよく集まる所だ。

サクラやツツジが数多く植栽された広場を過ぎ、少し先にある、登山道から左に分岐した階段道を登る。

立派な展望台があり、五日市の町並が航空写真のように見える。

横には大きな看板が立っており、この近辺で見ることの出来る30種類ほどの野鳥がイラストで描いてある。

奥に行くと広場があり、そばに琴平神社が鎮座している。ベンチやテーブル、トイレもあり、苑地風に整備されている。

若人たちが賑やかにコンロを囲んでバーベキューをしている。

裏に回るとスギの古木が密集し仄暗い中に、巨岩がいくつか見える。その中の大きな岩に小道があるので、登ってみる。すぐに岩の頂に着き、観世音菩薩像の石仏を見る。金比羅山全体を守っている菩薩様だそうだ。

ムササビが生息しており、日没後30分くらいから、鎮守の森を滑空する。

なお、日ノ出山へは、ここから登山道に合流して、さらに3時間ほど登る。

今回は足慣らしの軽いハイキングのため、ここから駅に戻ることにしたい。

金比羅山で休憩

▼行程：ＪＲ五日市線武蔵五日市駅→20分→五日市庁舎→7分→薬師堂前→50分→琴平神社→5分→石仏のある岩→1時間→往路を戻り、ＪＲ武蔵五日市駅へ
▼地図：国土地理院発行地形図２・５万分の１五日市
▼問合せ：あきる野市役所商工観光課０４２-５５８-１１１１、あきる野市観光協会五日市駅前案内所０４２-５９６-０５１４
【思い出記録】

☆──歩程▼約2時間20分

(26)今熊山《いまくまやま》──修験の滝と呼ばわり山を行く

【地図132頁】

今熊山（標高505米《メートル》）は、その昔、物や金をなくしたり、人がいなくなったら、この山で大きな声で呼べば戻って来たという伝説のある山である。最盛期の江戸時代末期には連日、大勢の人が藁をもつかむ思いで登山したという。

また、山麓の金剛ノ滝《こんごうのたき》は、今熊神社の山伏が荒行をした所である。

《ガイド》

JR五日市線の終点、武蔵五日市駅から西東京バスの檜原《ひのはら》村方面に行くバスに乗り、沢戸橋バス停で下車。少し戻り、左の新久保川原橋《しんくぼかわらばし》を渡る。その先の分岐を左に折れて、ダンプの多い刈寄《かりよせ》林道を行く。

しばらく行くと、左に木橋を見る。ここから逆川《さかさがわ》沿いの林道に入る。逆川とは北に尾根一つ越えた所を流れる秋川と流れが逆なので、この名がついたと言う。

砂が堆積した小広い平坦地を通り過ぎ、沢の左側につけられた登山道を行く。

多少のアップダウンのあと、ほとんど砂利で埋まった砂防堰堤に着く。左の山腹から急坂が下って来ている。これは広徳寺《こうとくじ》方面からの道である。

金剛ノ滝へは、堰堤から右奥へ、川原の中を小道を行く。すぐに、両側の切り立った岩の廊下の中を行くようになる。岩にびっしり張りつくようにイワタバコやミズナが繁茂している。

狭いトンネルをくぐると眼前に轟きわたる瀑音の金剛ノ滝が現れる。落差20<ruby>㍍</ruby>《メートル》ほどであるが、なかなか迫力がある。滝の左の岩盤には金剛像が彫ってある。今熊神社が全盛の頃、山伏が滝修行をした所だ。

元の堰堤まで戻り、道標に従って、今熊山登山道に入る。

いきなりの階段道の急登であるが、長くなく、ほどなく緩やかな山腹の道に出る。変電所から上って来る道だ。

右へ回り込んで尾根に上がり、送電鉄塔を過ぎると今熊山頂である。

細長い平坦地の一角にコンクリート造りの小祠が立っている。往時の神社は昭和17年に焼失して土台石が残るだけだ。

東の方に展望が開け、多摩の平野が見渡せる。

下山はわずか南に行くと、戸倉《とくら》三山の主縦走路に出る。

そこを左に下り、山麓にある立派な今熊神社遥拝所を経て、今熊バス停に出る。

(26)今熊山

今熊山山頂の今熊神社

▼行程：ＪＲ五日市線武蔵五日市駅＝西東京バス・8分＝沢戸橋→10分→逆川分岐→30分→堰→金剛ノ滝分岐（往復15分）→40分→今熊山→20分→今熊神社遥拝所→20分→今熊＝西東京バス・14分＝ＪＲ五日市線武蔵五日市駅、もしくは40分＝ＪＲ八王子駅

▼地図：国土地理院発行地形図2・5万分の1五日市

▼問合せ：あきる野市役所商工観光課042-558-1111、あきる野市観光協会五日市駅前案内所042-596-0514、八王子市役所商工課0426-20-7378、八王子市観光協会0426-20-7381、西東京バス五日市営業所042-596-1611

【思い出記録】

☆☆――歩程▼約2時間

(27) 網代城山《あじろじょうやま》・弁天山《べんてんやま》――ミツバツツジが咲く花の里山

【地図132頁】

網代城山（標高331メートル）は戦国時代に地元の部落長などが外敵の侵入を防ぐ見張台があった所（後に北条氏のものになる）で、山頂付近の傾斜はかなりきつい。

東に下って登り返すと、5000本とも言われるミツバツツジや、ヤマツツジが生えている弁天山（標高292メートル）の頂に出る。東方面の展望がよく都心の超高層ビル群が霞の中に浮かんで見える。

《ガイド》

ＪＲ五日市線武蔵五日市駅から京王八王子駅行きの西東京バスに乗り、留原《とどはら》で下車する。五日市駅から1・2キロほどであるから歩いても20分ほどだ。

バス停から東の高尾方面への車道を行

く。

天王橋《てんのうばし》の先で、右に折れ、塵芥処理場への道に入る。ほどなく、道標に従い、左の人家の脇を通り、山腹の道に入る。

急に静かになった山間の畠の横を通り、山の中の登り坂を上がる。ほどなく、スギが植林された尾根に、丸太風の木製階段が上がっている場所に着く。急な階段を十分に注意して登る。

山城があった網代城山の山頂

一汗かいて、登り切ると網代城山の山頂である。

台地状になっており、東に展望が開ける。都心の超高層ビル群がはるか遠くに蜃気楼のように見える。

看板が立っており、戦国時代には、ここに山城があったことが書いてある。

山頂付近を一周してみると、確かに、空堀跡などが草の間に見える。

次の弁天山へは東の丸太風の木製階段を下る。

一旦緩やかになるが、すぐにもう一度急下降して鞍部に出る。

道標に従い、右に登る。赤土の滑りやすい道である。

一投足で､岩も交ざる弁天山の頂に出る。

ここも展望がよく、関東平野が広く見通せる。北の方には武甲山《ぶこうさん》が見える。

ここはミツバツツジの名所で山頂一帯から、貴志嶋《きしじま》神社の境内に数多く植えられて

武蔵五日市駅付近から見た網代城山（中央）

いる。4月の上旬から下旬にかけて赤紫の花で染まるようである。

さて、貴志嶋神社に回ってみよう。右手の岩場を直下降して行くが、岩場が苦手な人は、元の道を少し戻り、山腹を巻く道を行く。時間は大差ない。

シイノキの古木の前に直径2メートルほどの洞穴がある。

覗いてみると、暗い底の方に石仏が鎮座している。

貴志嶋神社の本殿がある。この地に信者が多い。

境内を通り、北に行くと花見山《はなみやま》への案内板がある。それに従い、林の中を5分ほど北に行く。尾根の先端に出る。

この尾根一帯を昔から花見山といったそうだ。

樹木が刈り払われ北の方に展望が開ける。増戸《ますこ》駅付近の市街地が眼下に見える。説明も書いてある。風景を移した写真が張りつけてあり、説明も書いてある。

足元の斜面にはソメイヨシノが植栽されており、10年もすれば、名前のように花見の山になるだろう。

元の道に戻り、参道を下る。右手の自然林にはカエデやダンコウバイが多く、晩秋の紅葉の時期（ここは12月上旬）は色とりどりのパッチワークのようになる。

安芸《あき》の宮島の厳島《いつくしま》神社の鳥居を模した、真っ赤な鳥居を通り、下山する。

集会所前を左に曲がり、広い車道を通り過ぎ、旅館網代の横の石段を降りる。

なお、この近辺の山林の縁には、春はカタクリ、ニリンソウ、アズマイチゲが、夏にはキツネノカミソリの花が咲く。

網代橋を渡って、上に上がり、五日市街道を横切ると増戸駅は近い。

▼行程：JR五日市線武蔵五日市駅→20分→五日市庁舎→7分→薬師堂前→50分→琴平神社→5分→右仏のある岩→1時間→往路を戻り、JR武蔵五日市駅へ

▼地図：国土地理院発行地形図2・5万分の1五日市

▼問合せ：あきる野市役所商工観光課042-558-1111、あきる野市観光協会五日市駅前案内所042-596-0514

【思い出記録】

(25) 金比羅山
金比羅山
450
琴平神社
(27) 網代城山・弁天山
JR武蔵五日市
薬師堂
五日市庁舎
戸倉
沢戸橋
光厳寺
JR武蔵増戸
秋川
花見山
留原
天王橋
381
貴志嶋神社
弁天山
293
逆川
(26) 今熊山
網代城山
金剛滝
新多摩変電所
今熊
今熊神社
今熊山 505
今熊神社遥拝所
(23) 刈寄山
入山峠
入山峠
切場
分岐注意
関場

つづら岩
(21) 馬頭刈山・鶴脚山
綾滝
天狗滝
電波反射板
916
884
光明山
高明神社跡
千足尾根
鶴脚山
馬頭刈山
山火事跡
千足
軍道
(24) 戸倉城山
戸倉
城山
434
荷田子
391ピーク
(盆堀山)
(22) 臼杵山・市道山
荷田子峠
茱萸御前
篠八窪尾根
臼杵神社
笹平
842
臼杵山(南峰)
刈寄山
ヨメトリ坂
盆堀林道
795
市道山
1000m
0
1000
(五日市・上野原)

コラム②
山歩きの基本
その2　装備

　奥多摩をドライブ中に、形のよい山があったので、ちょっとあの峰まで行ってこようと普段着のまま、気楽に登ったことがあった。

　運悪く、さっきまでの青空が、一転にわかにかき曇り、雷鳴とともに降り出し、しのつく雨に全身びしょ濡れになった。

　雨具の一つも持ってこなかったことを悔やんだ次第であった。

　登山装備の三大用品といわれるのが、靴、ザック、雨具である。
▼靴＝底がしっかりしたもので、踝《くるぶし》まで覆うもの。
　革製、もしくはゴアテックスなどの材質の登山靴、軽登山靴がよい。
▼ザック＝デイパックでもよいが、できれば縦型の20～30リットルのザックがよい。
▼雨具＝折り畳み傘で、かなりの雨は対応できるが、風が吹くと厳しい。上下セパレートのゴアテックス素材（蒸れにくい）の雨具がよい。
　ビニールの雨具は安価ではあるが、蒸し風呂のようになって往生する（ダイエットにはいいかもしれないが）。

　そのほか、着替え、非常食、地図や磁石、マッチ、ヘッドランプなど必要である。小物類は一度そろえて袋に入れておくとよい。

　携帯電話も緊急時にはおおいに役に立つ。

四、青梅線沿いの山々

青梅丘陵

☆☆――歩程▼約7時間50分

(28) 蕎麦粒山《そばつぶやま》・日向沢ノ峰《ひなたざわのうね》

――そば粒形の山容が目立つ山

【地図162頁】

日原の川苔谷《かわのりだに》や倉沢谷《くらさわだに》の奥に三角形のそば粒に似た形の蕎麦粒山（標高1473メートル）がある。その特徴的な山容は山岳展望の名所、中央線多摩川鉄橋付近（立川市）からよく見える。

蕎麦粒山の東には日向沢ノ峰（標高1356メートル）の岩頭がある。川苔谷の支流日向沢の源頭の峰で、山頂からは雲取山《くもとりやま》や芋木《いもき》ノドッケなどが展望できる。

《ガイド》

最近使う人も増えた鳥屋戸《とやと》尾根を経由して蕎麦粒山へ登ってみたい。ただ、道標類はほとんどないので、山慣れた人をリーダーにして入ってほしい。

ＪＲ青梅線奥多摩駅から西東京バスの日《にっ》

蕎麦粒山（右）と三ツドッケ（左）

原《ばら》方面行きに乗り、川乗橋《かわのりばし》で下車。ゲートの脇を通り、川苔谷林道に入る。すぐ先の山火事注意の看板の所から左の山林に入る。少しのジグザグのあと、尾根に上がり、はっきりとした道を行く。仕事道がいくつか交差するが、尾根を外さないように登る。岩が多いゴッゴッとした尾根を急登し、左の崩れやすい山腹をトラバースする道を注意して通過し、再び尾根に登る。

その先、道の左にこんもりとしたピークが見える。笙ノ岩山《しょうのいわやま》である。登山道は山頂の下を通るので、細い道を左に登る。樹林の中の寂峰で展望もないが（冬季は枝越しに蕎麦粒山などが見える）奥多摩らしい好ましい峰である。すぐ下の登山道に戻り、アップダウンを繰り返しながら高度を上げて行く。

蕎麦粒山山頂の三角点

塩地ノ頭《しおちのあたま》、松岩ノ頭《まついわのあたま》などのピークの下を巻きながら行き、右へ川苔谷の支流 桂谷《かつらだに》への道を見送り、丹念に尾根通しに行く。さらにいくつかのピークを過ぎると縦走路（水源巡視路）にひょっこりと出る。明るく開けた所である。蕎麦粒山は目の前の急な尾根を直登する。思ったより簡単に山頂に達する。

蕎麦粒山頂は岩交じりの狭い平坦地である。大きな道標や地面から抜き出た三等三角点が立っている。

展望がなかなかよい。

大休止のあとは日向沢ノ峰に行く。東の吸い込まれそうな急斜面を下る。縦走路に合流したあとは、緩やかな気持ちのよい道をのんびりと歩く。

桂谷ノ峰《かつらだにのみね》の下を通り、広く刈り払われた

自然林の中の防火帯の尾根道を行く。

晩秋には、踝《くるぶし》までもぐる厚い落ち葉の絨毯《じゅうたん》を踏みしめながら延々と歩くことになる。

日向沢ノ峰の北峰と言われるピークを過ぎ、左に有間山《ありまやま》への道を分け、そのちょっと先の小広い平坦地で棒ノ折山《ぼうのおれやま》へつながる縦走路を分け、目の前の急斜面を登ると岩峰の日向沢ノ峰の頂に着く。手製の山頂標示板が枝にぶら下がっており、それには日向沢ノ峰・南峰と書いてある。西の方面に広く展望が得られる。右に今日歩いてきた蕎麦粒山が、左にどっしりとした川苔山《かわのりやま》、曲ケ谷北峰《まがりがたにほっぽう》が大きく見える。

山頂を辞し南へ下る。岩のピークを右から巻いて、防火帯の広い道を行く。足元をトンネルが貫通しており、川苔谷林道が通っている。いずれ大丹波川《おおたばがわ》林道とつながる予定だそうだ。

ほどなく小鞍部の踊平《おどりだいら》に着く。

今回は左の大丹波川への道を下りることにしよう。川苔山は近いが、今日は長丁場だったので、「山は逃げない」という格言もあるから、またの機会にしよう。

もっとも「年は逃げる」という格言もあるが……。

左のスギ植林の中を下り、薮の斜面をトラバースし、小尾根を下降すると、獅子口《ししぐち》小屋跡に着く。

小屋主が高齢になり引退し、後継者を募集していたが現れず、結局は閉鎖、撤去された。

獅子口小屋の名の元になった獅子口の湧水は右へ5分ほど行った所にある。獅子の口のように見える岩穴から清冽な水が滔々《とうとう》と流れ出ている。

小屋跡まで戻り、沢沿いの道を下り、3枚ほどあるワサビ田の横

獅子口湧水の最深部

を通る。

その先、何回か沢を渡り返し、さらに、崩壊地を高巻いたりしてながら下る。

道標により、左の急坂を登ると、大丹波川林道に出る。

この先は約5キロの林道歩きで上日向《かみひなた》のバス停に出る。

▼行程：JR青梅線奥多摩駅＝西東京バス・15分＝川乗橋→5分→鳥屋戸尾根入口→2時間→笙ノ岩山→1時間30分→縦走路→15分→蕎麦粒山→40分→日向沢ノ峰（南峰）→15分→踊平→30分→獅子口小屋跡→1時間20分→大丹波川林道→1時間15分＝上日向バス停＝西東京バス・10分＝JR青梅線川井駅　※上日向バス停の2キロメートル手前に清東橋バス停があるが、ここまで来るバスの本数はいたって少ない。事前に問い合わせをしてほしい。
▼地図：国土地理院発行地形図2・5万分の1武蔵日原、原市場
▼問合せ：奥多摩町役場観光産業課0428-83-2112、奥多摩町観光協会0428-83-2152、西東京バス氷川車庫0428-88-2126

【思い出記録】

☆☆☆——歩程▼約7時間10分

(29) 川苔山《かわのりやま》・曲ヶ谷北峰《まがりがだにほっぽう》

——複雑な尾根と谷を持つ、人気の山

【地図162頁】

ＪＲ青梅線の鳩ノ巣、古里《こり》駅に北に連なる山の尾根をどんどん登って行くと、行き着く山が川苔山（標高１３６３メートル）である。付近の沢で川海苔が採れたことから、この名がついたという。ただ、「苔」はノリとは読まないので、「乗」で表記する書籍や登山地図も多い。

曲ケ谷北峰（標高１３６０メートル）は鞍部をはさんで北側にあり、ここから見る川苔山は素晴らしい。

付近一帯は谷や尾根が複雑に入り組んでおり、迷いやすい所も多いので、地図を見ながらの読図山行にはよい山域である。

《ガイド》

ＪＲ青梅線の鳩ノ巣駅から右に出て、踏

切を渡り急坂を登る。両側には人家が並んでいる。関東地方の山間地でよく目にする急傾斜の南斜面を切り開いた所に出来た集落である。冬には陽射しがほぼ直角に当たるので、案外と暖かく、降った雪もすぐに溶ける。朝晩はともかく日中は暖房も必要ないという。

最上部の正法院《しょうぼういん》付近で道標に従い左へ曲がり山腹の道を行く。村の神社を過ぎ、傾斜がきつくなった道を登る。この辺りから南に花折戸尾根《はなおれと》が大きく見える。石がゴロゴロした歩きにくい道を一汗かいて登ると峠風の鞍部に出る。ここには大根ノ山ノ神が鎮座している。しめ縄が張り巡らされ、白い紙（紙垂《しで》）が風に揺れている。ここから先は神の領分という意味合いがあるそうだ。山行の安全を祈って、いくばくかの賽銭を奉納し、拍手を打つ。

左に杉ノ殿《すぎのとの》尾根道経由大ダワへの道を見送り、直進の道を行く。右に入川谷を見ながらスギ植林地の中の緩やかな道を行く。2キロほどは変化のない単調な道を行き、右に直角に曲がる頃から急坂が始まる。

ジグザグを繰り返しながら高度を上げ、大ダワからの道を合わせ、さらに急坂を登ると、舟井戸《ふないど》と呼ばれる防火帯の広い道に出る。

時折吹く爽快な風にひたりながら先に行く。左の川苔山への分岐を見送り、真っすぐ行き、急坂を登り終えると曲ガ谷南峰に出る。峰といっても尾根上の一端である。はっきりとした赤杭《あかぐな》尾根道が右から来ているので合流する。樹林の中を登り、前方がぱっと明るくなると、そこが曲ガ谷北峰で

川苔山（右）と曲ヶ谷北峰（左）

ある。眼前に川苔山が大きく聳え、右に日向沢ノ峰や蕎麦粒山《そばつぶやま》が屹立している。

ここから一旦下り鞍部（東肩）に出る。壊れかかったトイレや売店（閉鎖中）がある。

川苔山頂までは一投足である。かなり急な斜面を、はやる気持ちを落ち着けて着実に一歩一歩登り、山頂に向かう。

山頂にはベンチもあり、大勢の人達が休憩している。

大きな看板が立っており奥多摩山岳地図が貼ってある。二等三角点がひっそりと足元にある。山頂からは、南や西の方に展望が開け、雲取山《くもとりやま》や富士山、御前山《ござんやま》がよく見える。

サルナシ（キュウイの原種）の木が山頂の一角にある。この山域に生息するサルも実が熟れる頃、食べに来る。

下山は百尋ノ滝《ひゃくひろのたき》へ出るコースを選ぶ。

鞍部（東肩）まで下り、左のカラマツ林の中の道を行く。スズタケの密集する小尾根を下り、横ガ谷《よこがたに》の源流に降りる。沢沿いの道を行き、足毛《あしげ》岩からの道を合わせ、火《ひ》打石谷《うちいしだに》の源流を横切り、丸山《まるやま》の南尾根を丹念に巻いて通る。鉄梯子や桟道をつけられた岩場を越えながら高度を下げ、百尋ノ滝分岐に出る。滝壷までは道が悪いので、十分に注意しながら行く（平成9年の台風で道が崩壊し、長らく通行止めになっていたが、今はかなり復旧はした）。

落差30メートルほどであるが、水量の多い地獄《じごく》谷《だに》の水を、ここで一気に落下させている。ドドーと雷鳴のような音が谷間に響き渡り、なかなか迫力がある。冬季2月頃に完全凍結する。この氷瀑も見事である。なお、百尋とは約150メートルほどであるが、とてもそこまでの落差はない。

元に戻り、川苔谷に沿った道を下る。5回ほど谷を渡り返したり、片側が深く切れ落ちた細い道や、山腹を高巻きする道を下りながら細倉橋《ほそくら》に出る。ここから約3キロの車道歩きを経て川乗橋バス停に出る。

▼行程：JR青梅線鳩ノ巣駅→50分→大根ノ山ノ神→2時間30分→舟井戸→20分→曲ガ谷北峰→5分→鞍部（東肩）→10分→川苔山→5分→鞍部（東肩）→1時間30分→百尋ノ滝→50分→細倉橋→50分→川乗橋＝西東京バス・15分＝JR青梅線奥多摩駅

▼地図：国土地理院発行地形図2・5万分の1武蔵日原、奥多摩湖、武蔵御岳

▼問合せ：奥多摩町役場観光産業課0428-83-2112、奥多摩町観光協会0428-83-2152、西東京バス氷川車庫0428-83-2126

【思い出記録】

☆☆——歩程▼約4時間30分

(30)棒《ぼう》ノ《の》折《おれ》山《やま》・黒《くろ》山《やま》——奥武蔵の展望がすばらしい山

【地図162頁】

奥多摩町と埼玉県の名栗《なぐり》村の境界線にある棒ノ折山（標高969メートル）は奥武蔵方面の展望が開け、遠くにさいたま新都市の超高層ビル群も見える。

山名は、鎌倉時代の武将畠山重忠《はたけやましげただ》が、この山を越えた時に、杖にしていた棒が折れたという故事に基づくという。

棒ノ嶺の山名も使われており、国土地理院の地形図では、こちらを採用している。山頂にも、この名を記した標示板がある。

黒山（標高842メートル）は主コースから外れているので、静寂な雰囲気に包まれた山である。

昭和の初めまでは茅場であり、山焼きのあとは黒く見えたのでこの名がついたという。

棒ノ折山山頂

《ガイド》

JR青梅線川井駅から急な坂道を下り、青梅街道（国道411号）に出て橋を渡った所に川井駅バス停がある。ここから上日向《かみひなた》バス停まで行く。本数が少ないので、事前に時刻表の確認は必要である。もう少し先の終点、清東橋《せいとうばし》バス停まで行くバスもあるが、こちらはさらに少ない。バスを降りた後は、大丹波川沿いの車道をひたすら歩く。

奥茶屋《おくちゃや》キャンプ場で道標に従い、右に折れて橋を渡る。ここからが登山道である。ゴンジリ沢に沿って、ワサビ田が何枚も続く中を登る。奥多摩はワサビの一大生産地である。ちなみに東京都のワサビ生産高は静岡県、長野県に次いで全国第3位であり、そのほとんどが奥多摩産だそうだ。

登るにつれて渓谷のようになり、岩や滝が現れる。

山の神の小祠のある所から登山道は沢を離れ、スギ、ヒノキの植林地の急な階段道を登る。尾根に上がり、一旦、なだらかになった道を登る。左側一帯がミズナラなどの自然林で、秋には紅葉が映える所だ。

再び急登を交えながら巨岩の脇を通り、茅原の中を登ると、棒ノ折山頂にパッと飛び出す。

広い山頂には休憩舎やベンチなどがあり、大勢の登山者が休憩している。バーナーで湯を沸かしラーメンなどを食べているグループも多い。

蒼い空がどこまでも広がるその下に、武《ぶ》甲山《こうざん》、伊豆ケ岳《いずがたけ》、丸山《まるやま》と奥武蔵の山々がパノラマのように見える。

傍らに展望板があり、見える山々がイラスト入りで描かれている。

ところで、山頂の一部は登山者が多いためか、土が剥き出しになって荒れた所も出始めている。春先は霜も溶けてぐちゃぐちゃになることが多い。桟道が必要かも知れない。

十分に休憩を取ったので、次の黒山方面へ向かうことにする。

急な斜面につけられた木製の階段道がずっと下まで続いている。壊れた階段もあって歩きにくい。

右脇のスギ植林の中に踏み跡があるので、そちらを行く。落ち葉のクッションが足に心地よい。

下り終え、緩やかになった尾根を少し行くと、権次入峠《ごんじいり》に出る。峠というと鞍部、

黒山山頂

つまり、凹部にあるのが普通であるが、ここは棒ノ折山の南の肩のような所で、ちょっとしたピークである。登りに使ったゴンジリ沢の源頭がここになる。

左に名栗《なぐり》村の名栗湖（有間ダム）やさわらびの湯などに出るコースが分岐している。途中で、巨岩に挟まれた廊下状の白谷《しらや》沢《さわ》渓谷の中を通るこのコースはなかなか面白い。次の機会にはこちらを下ってみたい。

さて、権次入峠から尾根通しの道を南に下り、鞍部から岩交じりの道を登り返すと、黒山に着く。

樹木に覆われた静かな山頂である。ベンチも設置され、小休止に最適の所である。南側が刈り払われ高水山《たかみずさん》や岩茸石山《いわたけいしやま》が望める。

なお、小沢《こさわ》峠への道が山頂から北に降り

ている。

黒山からさらに南に下り、いくつかの小さいピークを上り下りしながら行く。青梅市の成木《なりき》への分岐（今は廃道に近い）を見送り、わずか先で名坂《なさか》峠に出る。

時間があったら、この先の岩茸石山へ立ち寄るのもよい。高水三山の一つの展望がよい山で、何度登っても飽きない（往復15分程度）。

さて、右の大丹波川《おおたばがわ》へ下るコースに入る。スギ植林地の中の横切るように下り、その後はぐんぐんと高度を下げる。

大丹波川の瀬音が聞こえるようになると、北川橋《きたがわばし》バス停も近い（八桑《やくわ》バス停も同じ距離）。

川井駅まで約3キロなので、鄙びた集落を眺めながら、のんびり歩くのもよい。

▼行程：JR青梅線川井駅↓2分↓川井駅バス停＝西東京バス・12分＝上日向↓30分↓奥茶屋キャンプ場↓30分↓山の神↓1時間↓棒ノ折山↓10分↓権次入峠↓20分↓黒山↓1時間20分↓名坂峠↓40分↓北川橋＝西東京バス・8分＝川井駅バス停↓3分↓JR青梅線川井駅

▼地図：国土地理院発行地形図2・5万分の1奥多摩湖、原市場

▼問合せ：奥多摩町役場観光産業課0428-83-2112、奥多摩町観光協会0428-83-2152、西東京バス氷川車庫0428-83-2126

【思い出記録】

☆☆——歩程▼約4時間

(31)本仁田山《ほにたやま》——奥多摩富士の異名もある山

【地図162頁】

JR青梅線奥多摩駅の北側(裏側)の、どっしりとした山容の本仁田山(標高1225メートル《メートル》)は氷川《ひかわ》の町を北風から守るありがたい山である。安寺沢《あでらさわ》集落から急登で有名な大休場《おおやすんば》尾根を登る。山頂には猪のヌタ場(泥浴びをする場)があったのでこの名がついたという。日原《にっぱら》から見ると円錐形にも見え、奥多摩富士とも呼ぶ。

《ガイド》

JR青梅線の終点奥多摩駅前から右へ行き、日原川に架かる氷川《ひかわ》橋を渡る。その先で、すぐに右折して、もう一度日原川を渡り返し、安寺沢集落へ向かう。途中に近道もあるがわかりにくいので、舗装された林道を丹念にたどる。3回ほどカーブを曲がると人家が4、5軒の安寺沢集落に着く。

本仁田山の尾根／石栗信司

ワサビ田の角に立っている道標に従い、右の小路を行く。

近くに乳房観音《ちぶさかんのん》という変わった祠があるので、立ち寄って行く。気根が乳房のように垂れ下がったイチョウの巨木がある。お参りすると乳がよく出るという言い伝えのある所だ。

祠の裏から、樹林の中を登り、急斜面の山腹をトラバースしたあと、急登しばしで大休場尾根の末端に登り着く。一旦、緩やかになるがすぐに、その反動か、見上げるように急坂に変わり、木の根や枝につかまりながら、一歩一歩足を上に運ぶ気持ちで登る。さすが、奥多摩でも有名な急登の尾根である。

1時間ほどの苦戦で汗も出切った頃、右からゴンザス尾根登山道を合わせ、ようやく山頂に着く。
　山頂は細長い平坦地で、南東の方が刈り払われ、御《み》岳山《たけさん》や高《たか》水《みず》三山などがよく見える。

本仁田山山頂の標示板／石栗信司

　北に緩やかな道を行き、左に平石山《ひらいしやま》方面への道を分け、右に折れて坂を下り、再び緩やかになった尾根道を行くと瘤高山《こぶだかやま》に出る。山と言うより、尾根の一端である。

　右の杉ノ殿《すぎのとの》尾根を下る。最初は樹木が刈り払われた広い防火帯の斜面を下る。かなりの急斜面ではあるが長くはない。下り終え平坦になった尾根の先で右の自然林やスギ植林の中を下る。大タワからの道を合わせ、しばらく行くと大根ノ山ノ神《おおねのやまのかみ》の峠に着く。この先は山腹の少し歩きにくい道を下り、鳩ノ巣駅に出る。

▼行程：ＪＲ青梅線奥多摩駅→50分→安寺沢集落→20分→大休場尾根末端→2時間→本仁田山→15分→瘤高山→50分→大根ノ山ノ神→40分→ＪＲ青梅線鳩ノ巣駅
▼地図：国土地理院発行地形図２・５万分の１奥多摩湖、武蔵御岳
▼問合せ：奥多摩町役場観光産業課０４２８-83-２１１２、奥多摩町観光協会０４２８-83-２１５２

【思い出記録】

☆☆——歩程▼約3時間30分

(32)チクマ山《ちくまやま》——静かな尾根歩きが楽しめる

【地図162頁】

奥多摩駅の東北にゴンザス尾根が屏風のように広がっている。尾根を登り切り、鳩ノ巣からの花折戸《はなおれと》尾根を合わせた所にチクマ山（標高1040米《メートル》）という地味な山がある。

池坪ノ峰《いけつぼのみね》とも言われるこの峰の北西には湿った池があったが、今は樹木が育ち、池はない。

《ガイド》

JR青梅線白丸《しろまる》駅から、数馬《かずま》の石門を見てから、ゴンザス尾根に登りたい。

駅から線路を渡って左の道を行く。観音堂、陶芸窯元の前を通り、スギ植林の中の道を行くと、間もなく巨岩の間を切り通した石門に出る。

江戸時代に岩石を火であぶり、水をかけ

て急激に冷やし、出来た割れ目から掘り開いたという。大変なる労力であったろう。

さて、先ほどの陶芸釜元まで戻り、右の尾根を急下降して、青梅街道（国道４１１号）に出る。

トンネルを通って、西へさらに行く。工事中の海沢橋《うなざわばし》を右に見て、少し先の右の分岐道を登る。

南斜面の日当たりのよい場所に十数軒の民家が散在している日向《ひなた》集落の中を通過して、村社の横の小さい道標に従って登山道に入る。

スギ植林の中の急登しばしで、小祠のある場所に出る。ここから左へ折れ、尾根を直登して、コナラなどの自然林に出る。用済みのテレビアンテナがある。

明るくなった尾根をさらに登ると送電鉄塔がある。ここは西に展望が開ける。

この先で、送電巡視路が分岐している辺りが根岩越えの旧峠（先ほどの数馬の石門が開通するまでは、この尾根を越えた）であるが、今は痕跡もない。

さらに登り、数本のテレビアンテナの横を通り、岩が露出した痩せ尾根を登ると、花折戸尾根と合流する。ここからチクマ山まで往復10分ほどだ。山頂からは、木の枝越に六ッ石山《むついしやま》が見える。

元の合流点に戻り、花折戸尾根を下る。スギ植林を出たり入ったりしながら下る。途中、皆伐された見晴しのよい箇所で休憩しながら、ひたすら尾根を下る。

尾根先端で左へ急下降し（ちょっとわかりにくいので要注意）、民家の横の階段を下り、鳩ノ巣駅に出る。

古い峠道が横切る根岩越え

なお、チクマ山頂からさらに北西に行き、本仁田山へ登ることも出来る（一部に薮深い所もある）。

▼行程：ＪＲ青梅線奥多摩駅↓20分↓数馬の石門↓10分↓青梅街道↓20分↓日向↓5分↓ゴンザス尾根登り口↓1時間↓送電鉄塔↓30分↓花折戸尾根合流地点↓5分↓チクマ山↓5分↓花折戸尾根合流点↓50分↓ＪＲ青梅線鳩ノ巣駅
▼地図：国土地理院発行地形図２・５万分の１奥多摩湖
▼問合せ：奥多摩町役場観光産業課０４２８-83-２１１２、奥多摩町観光協会０４２８-83-２１５２
【思い出記録】

☆☆——歩程▼約5時間

(33) 惣岳山《そうがくさん》・岩茸石山《いわたけいしやま》・高水山《たかみずさん》

——奥多摩入門の山として人気がある

【地図162頁】

ＪＲ青梅線の御嶽駅の北側には惣岳山（標高７５６メートル）、岩茸石山（標高７９３メートル）、高水山（標高７５９メートル）と、ほぼ同じ標高の三つの山が連なっている。高水三山と言われ、手軽に縦走気分が味わえる山として人気がある。

自然林、植林地、岩峰、沢、山里、神社、寺院など奥多摩の山々の要素が全部ある。皇太子殿下ご夫妻も2回ほど登った山だ。

《ガイド》

奥多摩の玄関口であるＪＲ御嶽《みたけ》駅は行楽シーズンには乗降客でごった返す。ほとんどは御岳山に行くようだが、駅の北側の高水三山へ行く人もかなり多い。

駅前から左に折れて、坂を登り、線路を

渡って慈恩寺《じおんじ》に出る。登山道は寺の横から始まる。

いきなりのジグザグの急登で標高を稼ぐが、石がごろごろしていたり、赤土で滑りやすく、いささか苦労する所だ。

尾根の上に出ると、緩やかな歩きやすい道になり、気分も爽快になる。マイナスイオンが交ざった新鮮な空気を思う存分吸い、野鳥の声をバックグランドミュージックにしながら歩く、まさに森林浴山行である。

高年の10人ほどのグループが向こうからやってくる。朝まだ暗い内から高水山を登って来たという。

大きく下り、峠風の鞍部で丹縄《たんなわ》や沢井《さわい》集落の道を見送り、尾根筋の道を登る。

この先は展望のないスギやヒノキの植林地の縁をひたすら登る。途中で一カ所、西に開けた場所に出る。「遠見のヤマザクラ」の看板が立っている。春には、谷の向こうに白く霞むヤマザクラを望むこと出来る。

相変わらずの植林地の山腹の道を登り、真名井天神《まないてんじん》の水場に出る。梅雨どき以外は水が底にたまっている程度で、当てにはできない。

巻き道を見送り、左の坂道を登ると惣岳山頂に着く。

鬱蒼と茂ったスギ林の小広い平坦地に青《あお》渭《い》神社本殿が立っている。

落書きやいたずら防止のためか、金網にすっぽり覆われている。ベンチもあり、小休止したい所だ。

次の岩茸石山へは、神社の奥から岩場を急下降する。

惣岳山

右から巻道を合わせ、起伏のないゆるやかな尾根道を行く。スギが伐採されて展望が開ける所を二カ所ほど過ぎ、樹木に覆われた、こんもりした馬仏山《まほとけやま》のそばを知らないうちに通り、吊り尾根のような尾根をさらに北に行く。

やがて、岩茸石山の山頂下で、直登道と巻道の分岐（馬仏峠とも言う）に出る。巻道は南斜面を横切って高水山に向かう。

直登の岩交じりの道を慎重に登ると、ほどなく岩茸石山頂に着く。細長い岩棚の山頂はたくさんの登山者が休息している。

展望は東、北や西に広がり、奥多摩や奥武蔵などがパノラマのように展開する。

東側の急斜面を下り、右から巻道を合わせ、自然林の中の心地よい道を行く。ここは山野草が多い道である。

ちょっとした鞍部を過ぎ、短いが鉄製の梯子やロープが張ってある急坂を登り、ミズナラやモミが茂った尾根を行くと高水山頂に着く。

なお、先ほどの鞍部で左の山腹の道を行くと、常福院《じょうふくいん》に直接行くことが出来る。

岩茸石山山頂

この道も季節毎にいろいろな山野草が可憐な花を披露してくれる。

高水山頂には電波中継塔があり、どうも気分がよくない。それでも、中継塔の右横の樹木が刈り払われ、御前山《ごぜんやま》、大岳山《おおだけさん》などの展望が得られる。

北側に樹木が茂っているので、冬などは日だまりの暖かい山頂である。

山頂から東に下り、休憩舎のある公園風の整地された尾根を経て、スギの巨木が林立する常福院の境内に入る。凛とした雰囲気が漂う中に、都の重要文化財にもなっている波切不動の本堂が鎮座している。鎌倉時代の武将畠山重忠《はたけやましげただ》が帰依したというこの寺は、正式には高水山龍學寺《りゅうがくじ》といい、地元に信者も多い。

下山は左へ、車道か細い登山道を下って、都バスの上成木《かみなりき》バス停へ出ることも出来る。こちらが昔からの参拝道である。ただ、バスの本数が少ない。

今回は、右の主登山道を下ることにする。

ブナやミズナラなど高山の樹林地帯で見る樹木が鬱蒼と茂った森を下った後、スギの植林の中の坂道を下る。所々に立つ丁目の石柱を見ながら、高度を下げて行く。

左へ90度折れて沢沿いの道を下ると、コンクリートの石段が現れ、砂防ダムの横に出る。

これからは舗装された車道を下り、平和な山里の集落の中をのんびりと行く。高源寺《こうげんじ》を経て平溝川《ひらみぞがわ》沿いの道を行き、平溝橋で右に折れ、軍畑《いくさばた》の駅に出る。

なお、時間があれば、駅の南東下に、高さ10メートルほどのこんもりとした塚（鎧塚《よろいづか》）があるので寄ってみたい。

戦国時代に、この地の豪族三田氏と滝山城主の北条氏が死闘を繰り返した時の死者や装具などを葬った塚だという。

駅の名称の軍畑も、この戦いに由来するという。

▼行程：ＪＲ青梅線御嶽駅↓1時間50分↓惣岳山↓40分↓岩茸石山↓40分↓高水山↓10分↓常福院↓45分↓高源寺↓30分↓ＪＲ青梅線軍畑駅

▼地図：国土地理院発行地形図２・５万分の１武蔵御岳

▼問合せ：青梅市役所商工観光課０４２８-24-２４８１、青梅市観光協会０４２８-22-１１１１、御岳インフォメーションセンター０４２８-78-８８３６

【思い出記録】

コラム③
山歩きの基本
その3　地図の読み方

地図を持たないで山に入るのは危険である（方位磁針も必携）。

天候がよく見晴しがきく時とか、登山道も整備され、道標も要所要所にしっかり設置されている山では、それほど必要ではないかも知れない。

しかし、大半の山は、そこまで整備されていないのが現状だ。

そこで、地図がものをいうことになる。国土地理院の地形図（2万5千分の1、5万分の1）や出版社発行の登山地図が都合よい。

地図は上が北になっているので、方位磁針で北を探し、その方向に合わせる。

一度、霧の山中で地図を広げて思案顔のグループに会ったことがある。方位を逆にして道を探していた。これではかえって危険である。

地図には等高線が細かく引いてあり、この様子から、これから行く道は緩い道か、急な道か、あるいは尾根の道か谷沿いの道かなどの判断が出来る。

もっとも、かなりの慣れが必要ではある。常日頃、地図を見ながらの山歩きをしてほしい（山頂で地図を広げながら地形を見たり、分岐点で地図を確認したりする）。

このことで読図の力がついてくる。いつかは役に立つこと請け合いだ。

1000m 0 1000
（秩父・五日市）
（30）棒ノ折山
黒山
（33）惣岳山
岩茸石山・高水山
棒ノ折山 969 展望よい
休憩舎
ゴンジリ峠
山ノ神
ゴンジリ沢
黒山 842
793
奥茶屋キャンプ場
清東橋
（本数少ない）
上日向
山野草多し
大丹波川
名坂峠
北川橋
793
岩茸石山
高水山
759
常福院
展望よい
馬仏山
惣岳山
756
真名井天神
平溝川
高源寺
平溝橋
多摩川
青梅街道
吉野街道
沢井分岐
鎧塚
JR軍畑
慈恩院
JR御嶽

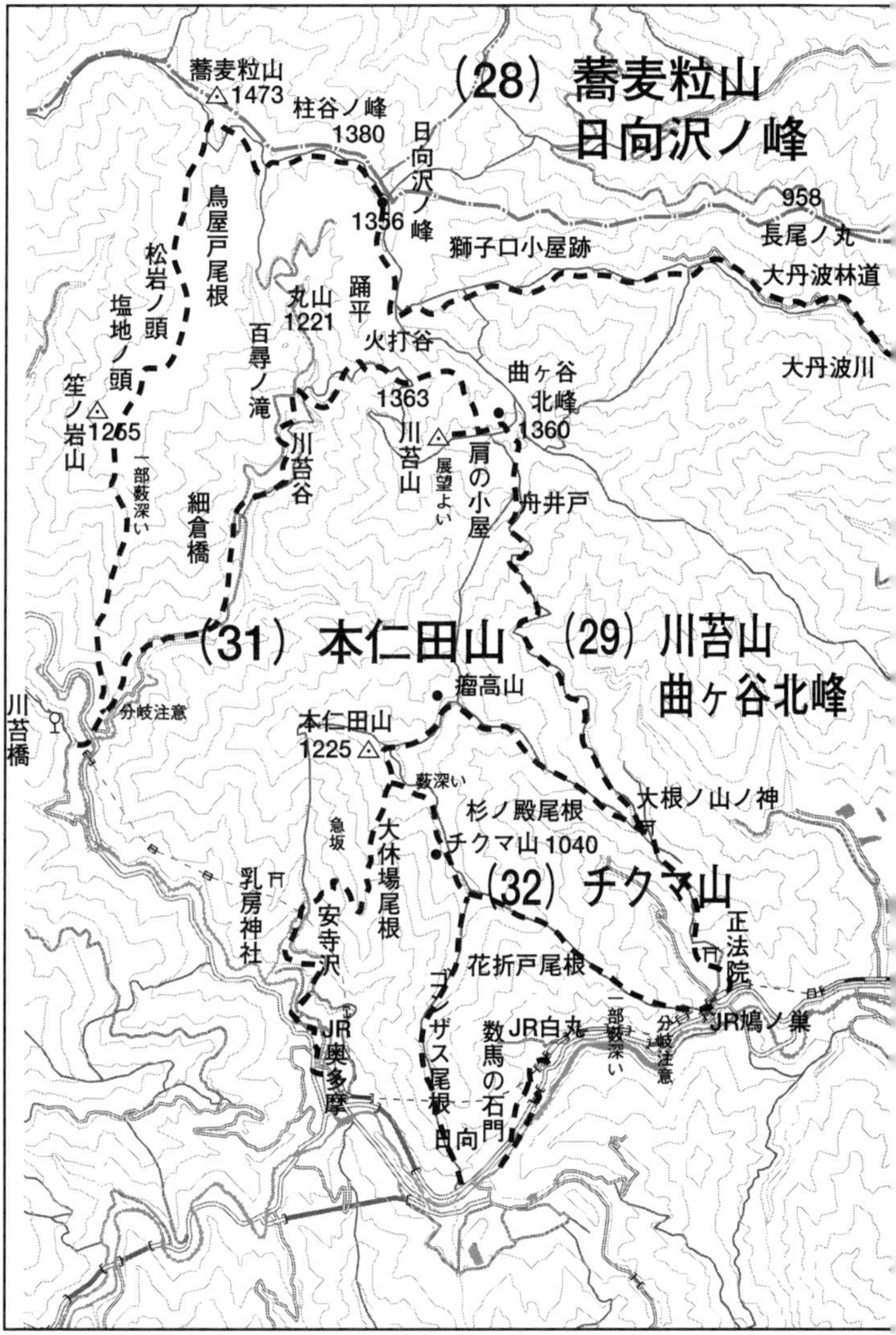
(28) 蕎麦粒山
日向沢ノ峰
蕎麦粒山 1473
柱谷ノ峰 1380
日向沢ノ峰
1356
958
長尾ノ丸
獅子口小屋跡
大丹波林道
大丹波川
鳥屋戸尾根
松岩ノ頭
塩地ノ頭
笙ノ岩山 1255
一部藪深い
丸山 1221
踊平
百尋ノ滝
火打谷
1363
川苔山
展望よい
曲ヶ谷北峰 1360
肩の小屋
舟井戸
川苔谷
細倉橋
(31) 本仁田山
(29) 川苔山
曲ヶ谷北峰
瘤高山
川苔橋
分岐注意
本仁田山 1225
藪深い
杉ノ殿尾根
大根ノ山ノ神
急坂
大休場尾根
チクマ山 1040
(32) チクマ山
乳房神社
安寺沢
正法院
花折戸尾根
コンザス尾根
JR白丸
一部藪深い
分岐注意
JR鳩ノ巣
JR奥多摩
数馬の石門
日向

☆☆――歩程▼約5時間

(34) 御岳山《みたけさん》・御岳奥の院峰《みたけおくのいんみね》・鍋割山《なべわりやま》・上高岩山《かみたかいわやま》

――武蔵国の山岳宗教の中心地

【地図180頁】

御岳山（標高929メートル）の頂には蔵王権現《ざおうごんげん》など三神を合祀した御岳神社がある。いつも多くの信徒が参拝に登ってくる。

また、奥の院の男具那《おぐな》神社がある鋭鋒、奥の院峰（標高1077メートル）が西に聳えている。

その奥にはたおやかな山頂の鍋割山（標高1084メートル）や上高岩山（標高1020メートル）の山々が続いている。かつて、山伏達が峰々を駆け巡って修験した所である。

《ガイド》

ＪＲ青梅線の御嶽駅から西東京バスでケーブル下まで行く。急な坂を登り、御岳登山鉄道の滝本《たきもと》駅でケーブルカーに登る。6分で標高426メートルを一気に登り、御岳山駅

御岳山

に着く。

駅前は広い園地の御岳平（標高831メートル）と呼ばれる所だ。

数軒の茶店やリフト乗り場がある。東に展望が開け、空気の透明度が高い冬季には、遠く日光連山や筑波山《つくばさん》も見える。

リフトあるいは茶店の右奥からの坂道を登ると、産安《うぶやす》神社の境内に出る。ここにはカタクリ（花期は4月中旬）やレンゲショウマ（8月）の群生地がある。時期が合えば寄ってみたい。

さて、御岳山へは赤い鳥居をくぐって舗装された参道を行く。

御岳ビジターセンターを右に見て、御師《おし》（参拝者の宿泊する宮司）の家や民宿が立ち並ぶ曲がりくねった道を行く。

登り坂を息をはずませて登ると、巨大な

ケヤキが目に入ってくる。神代欅《じんだいけやき》と称する樹齢1000年にも達する木である。国の天然記念物にもなっている。上部にはブリキ板で修理した跡が目立ち、ちょっと残念な気がする。

門前の茶店が並んだ中を通り、遥拝門をくぐると、石段が待っている。汗をかきながら登る。両側には様々な講の記念碑が立ち並ぶ。

たどりついた山頂には御嶽神社が鎮座し、右の方に展望が開け、川苔山《かわのりやま》や蕎麦粒山《そばつぶやま》、三《み》ツドッケなど日原川《にっぱらがわ》源流の山々が見える。

本殿の下には国宝数点を保存した宝物殿がある。とくに鎌倉時代の武将畠山重忠《はたけやましげただ》が愛用した赤糸威《あかいとおどし》の鎧《よろい》は重厚で立派である。

また、ここの神楽（太太神楽《だいだいかぐら》）は古い形の山岳神楽で、その素朴で優雅な舞いは一見の価値がある。

さて、次の奥の院峰に向かおう。石段の近くに長尾平《ながおだいら》への近道があるので、そちらを下る。もし、見過ごしたら、遥拝門まで戻り、道標に従って右へ行く。

長尾平を左に見て、さらに奥に行くと、天狗の腰掛け杉の巨木がある。その昔、天狗が腰掛けたという杉である。そういえば、御嶽神社の神には日本武尊《やまとたけるのみこと》を案内したという神狗も入っている。

ちなみに、夜空を雄大に滑空するムササビが天狗の原型ではないかという説がある。御岳山中は高尾山《たかおさん》と並ぶムササビの一大生息地である。

天狗の腰掛け杉から山腹の道を離れ、尾根道に入る。

御岳奥の院直下の鎖場

スギの巨木の中を登って行くと、やがて、ミズナラ、コナラが混在する林に出る。低山ではあまり見ないコシアブラ（タラノメと同じく山菜として利用）なども生えている。

鎖が張ってある岩場を越え、一登りで御嶽神社の奥の院、男具那神社がある。一礼して、左横の階段を登り山頂に立つ。奥の院峰の山頂は細長い岩の棚で南端には小祠が立っている。周辺にはシロヤシロ（ゴヨウツツジ）もちらほら生えている。

展望は樹木に遮られてほとんどない。南端から岩交じりの急坂を下り、登り返した所に鍋割山がある。鍋を逆さまにしたような緩やかな山頂である。南に樹木が切れて、大岳山《おおだけさん》が大きく聳えているのが望まれる。

鍋割山の由来は、山の形ではなく、山頂の西にある谷が鍋を割ったような地形をしているからだという。

山頂から北に、山野草が多く展望もよい萩《はぎ》尾根が延びている。細々とした道が通じており、御嶽神社の裏参道である大楢《おおなら》峠付近に出る。

最後の上高岩山へ回ることにする。鍋割山から南へ緩やかな尾根を下り、山腹を通ってきた大岳山への主登山道に合流する。そこから、左に少し下った所に芥場《あくば》峠がある。峠から東に延びるサルギ尾根上の道を行く。ほとんど平坦な道を快調に歩き、休憩舎があるピークに出る。

御岳山や日ノ出山《ひのでやま》、大岳山、それに養沢《ようさわ》一帯の山々がよく見える。

ここからさらに東にアップダウンを繰り返しながら、高岩山を経由して養沢神社のバス停まで下ることが出来る。ただ、薮が深いので夏から秋にかけては通行は困難になる。

上高岩山での展望を楽しんだ後は元の芥場峠に戻り、山腹の主登山道を下る。

途中に滝や渓流、山野草が多いロックガーデン（岩石園）がある。稜線歩きが飽きたころでもあるので、渓谷を巡るのも一興である。

道標に従い、古い休憩舎や、水道施設の横から岩石園へ降りる。

モミジガサの群落を過ぎ、綾広《あやひろ》の滝を見ながら渓谷に入る。修験者が滝に打たれて修行した所だ。岩が切り立つ中の沢沿いの道を下る。ハナネコノメソウ、イワタバコ、ヒメレンゲ、タマガワホトトギスなど枚挙にいとまがないほど、季節季節に様々な山野草が咲きそろう所だ。

休憩舎やトイレがある広場では涼風を受けながら憩う人達が多い。

その下で沢から一旦離れ、左の山腹を行く。天狗岩《てんぐいわ》を過ぎると、七代《ななよ》の滝分岐がある。そこへはいくつものハシゴや鉄製階段を下る。膝が痛くなった頃に七代ノ滝に出る。落差30メートルほどの滝が轟音を響かせ流れ落ちている。イワタバコが滝壺横の岩に幾株も咲いている。

ここから長尾平付近へ戻り、ケーブル駅まで行くことにしよう。長い急な木製階段道を我慢をしながら登り、主登山道に出る。急に人が多くなり都会の雑踏のようになる。朝来た道を逆に戻り、ようやくケーブルの御岳山駅に着く。

▼行程：JR青梅線御嶽駅＝西東京バス・10分＝ケーブル下→3分→御岳登山鉄道清滝駅＝ケーブル・6分＝御岳山駅→30分→御岳山→10分→天狗の腰掛け杉→40分→奥の院峰→15分→鍋割山→15分→芥場峠→上高岩山（往復20分）→30分→ロックガーデン入口→ロックガーデン一周・1時間30分→長尾平→30分→ケーブル御岳山駅（往路を戻る）

▼地図：国土地理院発行地形図2・5万分の1武蔵御岳

▼問合せ：青梅市役所商工観光課0428-24-2481、青梅市観光協会0428-22-1111、西東京バス氷川車庫0428-88-2126、御岳登山鉄道0428-78-8121、御岳インフォメーションセンター0428-78-8836、御岳ビジターセンター0428-78-9363

【思い出記録】

☆☆——歩程▼約2時間

(35) 大塚山《おおつかやま》——四季折々の山野草を訪ねて

【地図180頁】

御岳山《みたけさん》の北に半球状の緩やかな山容の山がある。塚にも似ているので、いつの間にか大塚山（標高920メートル）と呼ばれたそうだ。山頂近くには巨大なパラボラアンテナをつけた電波塔が建っており、いささか雰囲気が壊れる。

　広い山頂は季節毎に数々の山野草が美しい花をつける。

《ガイド》

　JR青梅線御嶽《みたけ》駅からバスやケーブルを乗り継いで、御岳山駅まで登る（(34)御岳山コース参照）。今回の目標は大塚山だけなので、御嶽神社参拝道を歩いて登ってみるのも面白い。

　日光の杉並木ほど規模は大きくないが、それでも高さ30メートルは優に超える見事なスギの巨木が立ち並んだ光景はなかなかのものだ。

さて、ケーブル御岳山駅前の広場（御岳平）を横切り、茶店の横の道に入る。駅前の喧噪が嘘のように静寂な山腹の道を奥に行く。8月には左斜面にレンゲショウマやオオバノギボウシなどの花が咲く。

5本の道が交差する鞍部に着くと、目の前に御岳奥の院峰《みたけおくのいんみね》や鍋割山《なべわりやま》が雄大に見える。

この辺り、4月上旬に紅紫色のミツバツツジや白桃色のヤマザクラがよく目につく。中旬になると左の尾根にうつむき加減に赤紫色のカタクリの花が目立つ。

さて、正面に延びる道を行く。尾根の南につけられた道は日当たりもよく、植物も勢いがよい。

木製丸太風の階段を登り、ここから尾根の真中につけられた道を行き、途中、右の休憩舎へ行く道を分け、わずかに行くと山頂に出る。大塚山園地と書かれた大きな柱が立っている。テーブルやベンチがあり、中高年のグループの賑やかな話し声が風に乗って聞こえてくる。

山頂の縁には様々な山野草が生える。とくに夏から秋にかけては、秋の七草が全部そろって咲く。

右に回り込んだ下には、大きな休憩舎もあり、ここは東面の樹木が伐採されており、展望もよい。

下山は北に丹三郎《たんざぶろう》尾根を下って古里《こり》駅に出る。植林地の中の急下降も交えながら、どんどん下る。吉野街道に出た後は、左へ1㌔ほどで古里駅だ。

大塚山

▼行程：JR青梅線御嶽駅＝西東京バス・10分＝ケーブル下＝3分＝御岳登山鉄道滝本駅＝ケーブル・6分＝御岳山駅（歩く場合は約1時間かかる）↓10分↓鞍部↓20分↓大塚山↓1時間20分↓吉野街道↓15分↓JR古里駅

▼地図：国土地理院発行地形図2・5万分の1武蔵御岳

▼問合せ：青梅市役所商工観光課0428-24-2481、青梅市観光協会0428-22-1111、西東京バス氷川車庫0428-88-2126、御岳登山鉄道0428-78-8121、御岳インフォメーションセンター0428-78-8836、御岳ビジターセンター0428-78-9363

【思い出記録】

☆☆——歩程▼約2時間10分

(36)日《ひ》ノ《の》出《で》山《やま》——下山後は温泉でリフレッシュ

【地図180頁】

御岳山《みたけさん》の東にこんもりと頭をもたげている山が日ノ出山（標高902メートル）である。御嶽《みたけ》神社から見ると日の出の方向にあるので、この名がついたという（江戸時代の地誌『新編武蔵風土記稿』より）。反対に山麓の日の出町から見ると、ありがたい御岳山を隠してしまうので貧乏山とも言ったそうだ。今はそのようなことは聞かないが。

《ガイド》

日ノ出山への登山コースは5本ほどあるが、御岳山域にあるこの山は、やはり、御岳登山鉄道のケーブルを使って登るのが早いし、楽である。

JR御嶽駅からバス、ケーブルで標高831メートルの御岳平に登る。〔(34)御岳山コース参照〕

ここから、御嶽神社への参拝道を行き、国の天然記念物の神代欅《じんだいけやき》まで行く。

そこで道標に従い左の道に入る。民宿などが建っているそばを通り、青々とした野菜が栽培されている山腹の畠を見ながら行く。関東ふれあいの道にもなっており、歩きやすい道だ。

やがて、右に養沢《ようさわ》鍾乳洞（閉鎖中）方面への道を分け、日ノ出山西尾根の山腹につけられた道を登る。枝尾根を大きく回り込み、日の出町営の東雲《しののめ》山荘（素泊まりのみ）が建っている台地に上がる。

ここから眼前の石の階段を登ると、一投足で山頂に着く。

広い山頂には休憩舎やベンチがあり、大勢の登山者で賑わっている。展望はほぼ360度で、関東平野から奥多摩、奥武蔵の山々までパノラマのような光景を目にすることが出来る。

さて、下山は山頂に立っているつるつる温泉の看板に誘われて、三ツ沢《みつざわ》へ下りることにしよう。

南に急な階段を下り、いくつかの分岐を通り越し、平井川《ひらいがわ》の源流地を通る林道に出る。親切すぎるほど道標があるので、迷うことはない。林道に入り、少し下ると右にこんこんと清冽な水が湧く、平井川の源流地を見る。口に含んでみると、まろやかなおいしい水だ。

約3キロほどの林道を川のせせらぎを聞きながら下る。

広い道に出て、左へ行くと、ほどなく町営ひので三ツ沢つるつる温泉(火曜日定休)に着く。肌によいつるつるとした泉質だ。

日ノ出山山頂

入浴してさっぱりして帰路に着く。

▼行程：JR青梅線御嶽駅＝西東京バス・10分＝ケーブル下↓3分↓御岳登山鉄道滝本駅＝ケーブル・6分＝御岳山駅↓20分↓神代欅↓40分↓日ノ出山↓15分↓平井川源流地↓50分↓ひので三ッ沢つるつる温泉＝西東京バス・20分＝JR五日市線武蔵五日市駅

▼地図：国土地理院発行地形図2・5万分の1武蔵御岳

▼問合せ：青梅市役所商工観光課0428-24-2481、青梅市観光協会0428-22-1111、日の出町役場経済課042-597-0511、ひので三ッ沢つるつる温泉042-597-1126

【思い出記録】

☆☆――歩程▼約6時間30分

(37) 大岳山《おおだけさん》・鋸山《のこぎりやま》――岩を乗り越え展望抜群の嶺へ

【地図180頁】

玩具のセルロイド製キューピーさんの頭に似ている大岳山（標高1267メートル）は東京都23区からもよく目立つ山である。その昔、東京湾を行き来した舟も、この山を見て、方向を定めたという。奥多摩三山の一つ（他は御前山《ごぜんやま》、三頭山《みとうさん》）でもある。また、鋸山（標高1109メートル）は大岳山から北西に延びる尾根の途中にある鋭鋒である。

《ガイド》

大岳山も御岳《みたけ》登山鉄道のケーブルを使うと、かなり楽に登頂することが出来る。

〔(34)御岳山コース参照〕

ケーブル御岳山駅から20分くらいで御嶽神社の随神門《ずいしんもん》に着く。ここで道標に従い、左の登山道に入る。なお、御岳山頂の御嶽《みたけ》神社へは正面の階段を登って10分もあれば着くので山行安全の祈願を兼ねて参拝して行こう。

大岳山への道は奥の院峰《おくのいんみね》や鍋割山《なべわりやま》の東山腹につけられた、ほとんど水平な道で歩きやすい道である。

長尾平《ながおだいら》前を通り、天狗の腰掛け杉を過ぎ、左に展望が開けた明るい道をのんびりと歩く。右に御岳の名水とも言われる清水がパイプから勢いよくほとばしっている。冷たくておいしい水だ。水筒に入れて行きたい。

ロックガーデン入口を左に分け、ジグザグにつけられた坂道を登り芥場《あくば》峠に出る。なお、この付近の山林で春にカタクリやアズマイチゲを見る。

鍋割山からの道を合わせ、しばらくは、緩やかになった尾根道を行く。

その後、黐《もち》の木坂《きざか》の剣と呼ばれる難所を通る。鎖につかまりながら慎重に通過しよう。その先の梯子を下ると、もう大嶽《おおだけ》神社の境内になる。鄙びた大岳山荘が樹木に埋もれるように建っている。その下には最近出来た別荘風の家もある。

大岳山荘はランプがぶら下がる郷愁あふれる山小屋だ。サラリーマンだった今井さんが山作業小屋を改修したものである。夜景が素晴らしく、色とりどりの宝石をちりばめたような東京がはるか遠くに輝いている。

大岳山荘の横は広場になっており、東の方に展望が開けている。トイレも広場の隅にある。

大岳山へは、大嶽神社の境内を通って行く。鬱蒼と茂るスギの巨木に囲まれた社殿はそんなに立派ではないが、小さいながら

大岳山山頂

も凛とした雰囲気を持っている。

古い伝統を持つこの神社については、江戸時代の地誌『新編武蔵風土記稿』が御嶽神社より大きい扱いで紹介している。

社殿の前にはニホンオオカミに似た顔の狛犬がある。明治38年に滅んだと言われるニホンオオカミは、江戸時代には数多く生息していたに違いない。オオカミに守られた大嶽神社を、村民は畏敬の念で崇め奉ったようだ。

境内を抜け、急坂を登ると巨岩が露出する尾根に取りつく。時々、落下事故が起こる所だ。慎重に登ろう。

アセビやリョウブの樹林を抜けると大岳山頂である。

二等三角点のある山頂は、そんなに広くないが、南面の薮付近にも休憩できる斜面があるので、大勢の登山者と一緒になっても大丈夫だ。雄大な富士山を眺めながら昼食休憩としたい。

下山道は西に尾根をたどり、鋸山を経由して奥多摩駅に出よう。

急な道を下り、右に海沢探勝路《うなざわたんしょうろ》へ下る道を分け、さらに岩が露出した崩壊地の悪場を2カ所通過して、小鞍部に出る。南面を巻いてきた道を合わせ、緩やかな尾根道を行く。所々で尾根の南を巻いたりしながら行き、途中で中岩山《なかいわやま》のピークを越え鋸山へ向かう。

　車道が上って来ている大タワへの分岐を左に見送り、直進ぎみに進み、急登しばしで鋸山に着く。直径20センチほどの卵型の石が何百個もごろごろしている。ある高校の山岳部が訓練のために奥多摩の多摩川から運び上げたものと聞く。

　この先、アップダウンの激しい尾根を下る。電話中継塔を過ぎる頃はもう終着に近い。登計《とけ》峠で車道を横切り、愛宕《あたご》神社の急な石段を下り終えると、JR奥多摩駅はすぐそこだ。

▼行程：JR青梅線御嶽駅＝西東京バス・10分＝ケーブル下↓3分↓御岳登山鉄道滝本駅＝ケーブル・6分＝御岳山駅↓25分↓随神門↓御岳山往復（15分）↓1時間10分↓芥場峠↓50分↓大岳神社↓30分↓大岳山↓1時間20分↓鋸山↓1時間50分↓JR奥多摩駅

▼地図：国土地理院発行地形図2・5万分の1武蔵御岳、奥多摩湖

▼問合せ：青梅市役所商工観光課0428-24-2481、青梅市観光協会0428-22-1111、檜原村役場地域活性課042-598-1011、檜原村観光協会042-598-0069、奥多摩町役場観光産業課0428-83-2112、奥多摩町観光協会042-83-2152、西東京バス氷川車庫0428-83-2126、御岳登山鉄道0428-78-8121、御岳ビジターセンター0428-78-9363、奥多摩ビジターセンター0428-83-2037

【思い出記録】

JR古里
多摩川
JR御岳
丹三郎尾根
バス
御岳平
休憩舎
ケーブル
レンゲショウマ
ビジターセンター
929
神代ケヤキ
長尾平
東雲山荘
日ノ出山
902
休憩舎
(36) 日ノ出山
ひので三ッ沢つるつる温泉
天狗の腰掛杉
平井川源流地点
ロックガーデン
高岩山
1020
920
サルギ尾根
金比羅尾根
1000m
0
1000
(五日市)

JR奥多摩
青梅街道（国道41号）
愛宕山
(35) 大塚山
大塚山
920
鋸尾根
(34) 御岳山・御岳奥院
鍋割山・上高岩山
天地山
981
御岳
奥院
1077
鋸山避難小屋
鋸山
1109
莈尾根
鍋割山
1084
大ダワ
海沢分岐
芥場峠
休憩舎
(37) 大岳山
鋸山
大岳山荘
大岳山
1267
大岳神社

☆☆——歩程▼約4時間30分

(38) 雷電山《らいでんやま》・辛垣城址山《からかいじょうしやま》・三方山《さんぽうざん》

——戦国時代の三田氏城址を巡る

【地図198頁】

青梅線の青梅駅から軍畑《いくさばた》駅にかけて、北側に青々とした丘陵が続く。

これが青梅丘陵と呼ばれる丘陵で、雷電山（標高494メートル）、辛垣城址山（標高450メートル）、三方山（標高454メートル）など500メートル弱のこんもりとした峰が連なる。戦国時代にこの地を治めた豪族三田氏一族の山城や館がこの丘陵一帯にあった。なお、このコースは丘陵という名称のため安易に考えて登る人が多いが、標高差の大きいアップダウンが続く、かなり手ごたえのあるコースである。

《ガイド》

ＪＲ青梅線の軍畑駅で下車し、駅前を左に線路を渡って、平溝川《ひらみぞがわ》沿いの車道に下りる。製材工場など過ぎた先の平溝橋で、高《たか》水三山《みずさんざん》への道を分ける。

直進する道を行き、人家を2軒ほど見て、カーブを曲がると、右に青梅丘陵入口の道標がある。

登山道は最初から階段道の急登である。途中、2回ほど緩やかになるが、長い階段の道が続く。一汗かいた頃、雷電山に着く。南がスギに覆われたあまり展望もない寂峰である。三田氏の見張台があった所だ。

さて、次の辛垣城址山へ向かうことにしよう。

山頂のすぐ下につけられた山腹の道を下り小鞍部に出る。左に空堀跡などを見ながら小尾根を乗り越え、南側の山腹を行く。この辺りから野草が多くなる。とくにシャガなど山腹をびっしりと覆い、春から初夏にかけて暗い森の斜面を明るくする。

ここから少し先に進むと、小広い台地が現れる。馬洗場《うまあらいば》や武将たちの住む館があった所だ。そこから直登する道が見えるが、滑りやすく危険なので、少し先の方にある登り口から、小尾根に登り、戻るように行く。石灰岩の間の門のような所から入り、切り立つ崖の前の窪地に出る。この辺りが山城があった所であるが、江戸時代に石灰岩を採掘したため、荒れ果ててしまっている。「荒城の月」の情景そのものである。

崖を登るとピークがある。樹林の奥に成木方面が少し見えるだけである。

元の道に戻り、古い峠（名郷峠《なごう》）を越えて、登り返し、送電鉄塔を過ぎると、北の方が開け、奥武蔵の山々が見えて来る。

いくつかのアップダウンを繰り返しなが

三方山山頂の二等三角点

ら、先に行くと右手にこんもりとした森が見える。足元に小さな道標があり、三方山への道を示している。登山道から外れ、尾根につけられた踏み跡程度の小道を登る。一投足で三方山の山頂に着く。

戦国時代に見張台や狼煙《のろし》台があった山だ。今はスギの樹林の囲まれ。展望はない。二等三角点が山頂の赤土に半分埋もれながら立っている。

なお、この山は地元では三芳山と表記することもある。何回か登ったが、ここで人に会ったことはない。やはり、忘れられた山のようだ。

山頂から東に延びる踏み跡を下ると、すぐに先ほどの登山道と合流する。

この先、二つほど小ピークを越えると、北が大きく開けた、このコースで一番展望のよい場所に出る。ベンチもあり、休憩にもってこいの場所だ。

下山はここから送電鉄塔を経て、栗平《くりひら》林道に下ろう。滑りやすい箇所もあるので、木につかまりながら注意深く下ると、一車線幅の未舗装の林道に出る。

道路造成のため山腹を切り取った崖には、風や野鳥に運ばれたのか、様々な野草が生育している。春には数種類のスミレが、秋にははノコンギクなどが咲き競う。最近はすっかり減ってしまったが、それでもヤマウドなどの山菜が所々に生えている。

いくつかのカーブを曲がりながら下って行くと、左に人家が見える。この奥に栗平集落がある。入ってみると、日当たりのよい斜面に数軒の民家が軒先を連ねている。花木も多く、なにか桃源郷のような集落である。

集落の中ほどにヒガンバナの群落があり、9月下旬には真っ赤な絨毯をそこかしこに広げたように見事に咲きそろう。

北に延びる小道を下ると、先ほどの林道に合流する。

1キロ先に東青梅駅に行く赤仁田《あかにた》バス停がある。本数が少ないので、待ち時間が長い場合は2キロほど歩き坂下バス停まで行く。

▼行程：JR青梅線軍畑駅→30分→青梅丘陵登山口→30分→雷電山→30分→辛垣城址山下（往復20分）→10分→名郷峠→1時間→三方山→20分→展望よい小ピーク→10分→栗平林道→30分→赤仁田バス停＝都バス・15分＝JR青梅駅北口前
▼地図：国土地理院発行地形図2・5万分の1青梅
▼問合せ：青梅市役所商工観光課0428-24-2481、青梅市観光協会0428-22-1111、東京都交通局杉並営業所青梅支所（都バス青梅支所）0428-23-0288

【思い出記録】

☆☆――歩程▼約3時間10分

(39) 三室山《みむろやま》・吉野愛宕山《よしのあたごやま》

――馥郁とした梅の香が漂う吉野梅郷の山

【地図198頁】

梅の里で有名な青梅市吉野梅郷《よしのばいごう》、梅の公園の南に立つ山が三室山（標高647メートル）である。山名は東南方向の山麓にあった三室集落（今は廃村になってしまったが）から由来している。

吉野愛宕山（標高584メートル）には、愛宕神社の奥の院がある。凛とした空気の中に荘厳な社殿が建っている。

《ガイド》

ＪＲ青梅線の日向和田《ひなたわだ》駅で下車、駅前の青梅街道（国道411号）を渡り、右に折れ、すぐ先で左の神代橋《じんだいばし》を渡る。この辺りから南が吉野梅郷で、各家庭の庭先や畠には実を採るための梅が植えられている。その数約2万5000本とも言われている。

3月の休日には大勢の観光客が押し寄

せ、裏の路地まで人であふれる。

さて、梅の公園へはT字路の梅郷5丁目交差点を左に行き、次の信号で右に入り、あとは道なりに5分ほど行く。

4ヘクタールの広い丘陵に約１５００本ほどの梅が植栽されている。観賞用の品種も多くあり、白や赤、黄色など様々な色調が重なり合って美しい水彩画のような景色が広がる。園内を一周して馥郁《ふくいく》たる香りと淡い早春の色調を楽しみたい（２００円の協力金が必要）。

さて、三室山へは公園入口前を流れる吉野川に沿って行き、梅郷ゴルフ場入口の横から登る。スギ植林の中を出たり入ったりしながら、のんびりと登る。右に梅郷6丁目辺りから上って来る道を合わせ、急坂を折り返しながら行くと金比羅《こんぴら》神社に出る。

この先は少し緩やかになった尾根の道を登り、最後の急登で、三室山の東肩に出る。ここから左には通矢《つうや》尾根経由の日の出町大久野へ下る道が分岐している。

三室山は右の尾根上の細い道を急登する。あっけなく山頂に着く。山頂の北の方はコナラなどの自然林が広がっており、晩秋から春にかけての葉がない時期には、枝の向こうに吉野梅郷の全景が展望できる。

春の梅が満開の時は、時折吹いて来る風に、ほのかな梅の香りも漂ってくる。

下山は南の方へ行き、岩が露出している尾根を回り込みながら下り、ベンチがある平坦地に出る。

岩が苦手な人は元の東肩まで戻り、山腹の道を西へ行くと同じ場所に出る。

ここから、右へ吉野愛宕山へ向かう道に

愛宕神社の奥の院

入る。なお、直進の道は日ノ《ひの》出山《でやま》へ向かう道である。

右の道は、しばらくは愛宕尾根（三室山の北尾根）の山腹を巻いて行くが、その先で尾根を乗越し、反対側のスギ植林地の中を斜めに下る。

一旦、鞍部に下り、登り返すと愛宕神社の奥の院がある吉野愛宕山に着く。

スギの巨木に囲まれた境内はしーんと静まり返っている。時たま鳴くウグイスの声がエコーがかかったように反響して聞こえる。荘厳な社殿に柏手を打って、山行の安全を祈願する。なお、この境内には山野草がかなり生えており、季節折々に美しい花を見せてくれる。

山頂を辞し、樹林の中の道を下る。送電鉄塔を左に見て、少し荒れた道を下ると、四国八十八箇所巡りの石仏が立っている。山麓にある即清寺《そくせいじ》が建立したもので、ここから先は次から次へと石仏が現れる。石仏を見ながら下り、途中で左の愛宕神社への道に入る。

歩きやすい山腹の道を下り、愛宕神社の本殿に出る。ここは展望がよく、向こうに青梅丘陵や高水山《たかみずさん》、眼下に吉野梅郷が見える。

なお、この境内は地元ではよく知られたツツジの名所である。園芸種の色鮮やかなツツジが多いので、開花時期（5月頃）には境内全体が真っ赤に染まる。青梅線の車窓からも、色鮮やかに染まった山がよく見える。

帰路はJR二俣尾《ふたまたお》駅に出るが、愛宕神社の下に吉川英治《よしかわえいじ》記念館があるので、時間があったら寄ってみたい（有料）。肉筆原稿や作品全集などが展示してある。

ここから1キロほど歩くと駅に着く。

▼行程：JR青梅線日向和田駅↓30分↓梅の公園↓1時間10分↓三室山↓20分↓吉野愛宕山↓50分↓愛宕神社↓20分↓JR青梅線二俣尾駅

▼地図：国土地理院発行地形図2・5万分の1青梅市

▼問合せ：青梅市役所商工観光課0428-24-2481、青梅市観光協会0428-22-1111、吉川英治記念館0428-76-1517、東京都交通局杉並営業所青梅支所（都バス青梅支所）0428-23-0288、※吉野梅郷には青梅駅行の都バス路線が通っている。

【思い出記録】

☆☆——歩程▼約3時間

(40) 天狗岩《てんぐいわ》・赤ぼっこ《あかぼっこ》——眼下に広がる吉野梅郷を眺める

【地図198頁】

青梅市の南には標高300メートル前後の丘陵が連なっている。長渕《ながぶち》丘陵と地元では呼んでいる。

その盟主が赤ぼっこ（標高410メートル）である。赤土の丘を地元の言葉で赤ぼっこと言っていたので、この山名になったという。

そこから谷一つ隔てた西に岩のテラスを持つ小ピークが天狗岩（標高350メートル）である。眼下に広がる吉野梅郷方面の景色が素晴らしい。

《ガイド》

JR青梅線宮ノ平《みやのひら》駅で下車。駅前を通る青梅街道（国道411号）に出て、右へ行く。交通量が多い道なので要注意だ。

信号二つ目で左折、坂を下って多摩川に

架かる和田橋を渡る。橋から見る清流がほとばしる多摩川の景色はなかなか美しい。

緩やかな坂道を登り、吉野《よしの》街道に出て、都バス稲荷《いなり》神社前バス停先の交差点（梅ケ《うめが》谷《た》峠分岐）を左に折れる。すぐに自然歩道天狗岩方面への道標があり、左の道に入る。なお、この先も要所要所に立派な道標があるので、迷うことはまずない。なお、ＪＲ青梅駅から吉野玉堂《ぎょくどう》美術館行きの都バスで、稲荷神社前まで来ることも出来る。

坂道をしばらく登り、車進入禁止の看板が立つ道路を行く。右にかなり規模の大きい竹藪が広がっている。

犬がさかんに吠えているので、竹藪の中を見ると、タヌキが土を懸命に掘って、何かを食べていた。この周辺は、タヌキやアナグマの生息地である。

ログハウス調の家の前を通り、なおも沢沿いの道を行くと、左へ鋭角に曲がり、コナラなどの自然林の中をジグザグを切りながら高度を上げて行く。

稜線に着いた所で左へ曲がり、天狗岩方面に向かう。真っ青な空のもとに広がる緑の樹海を通って来た爽やかな風を受けながら、のんびりと歩く。

この先で、山の中とは思えない、野球でもできそうな広い空地を見る。かなり前に建築残土などで谷間を埋めた所らしい。

要害山《ようがいさん》（標高４１４《メートル》）と呼ばれる所（ここには標示板などはない）で90度ほど右に曲がり、急な腐りかかった木製の階段道を下る。すぐ横に巻道があるので、階段が苦手な人は、そちらを下った方がよい。

この先にいくつかのピークがあり、アッ

プダウンを繰り返しながら越える。長井分岐を過ぎ、右下に長井林道を見て、さらに尾根を登り返すと天狗岩も近い。

尾根で左へ折れ、木製の階段の急下降のあと、登り返すとちょっとしたピークがある。ここが天狗岩のピークである。その先に広さ20平方メートルほどの岩のテラスがある。両側はスパッと深く切れ落ちている。

西の方には、のどかな吉野梅郷《よしのばいごう》が霞の中に広がって見える。春の梅の開花時期にはそれこそ白やピンクの色で化粧した里が見渡せる。岩の上で展望を楽しみながらの昼食休憩としたい。

元の尾根に戻り、左へ行くとわずかで赤ぼっこの分岐に出る。主尾根道から１００メートルも入ると赤ぼっこ山頂である。赤土で覆われた山頂には大きな山名表示柱が立っている。西はスギの植林で展望はないが、東の方が開け、マッチ箱のような青梅市街地が陽光に光って見える。

主尾根道に戻り、送電鉄塔をくぐり日の出分岐に出る。ここから鋭角に左に曲がり、薮に埋もれた小さな馬頭観音《ばとうかんのん》を見ると、すぐ先が馬引沢《まびきざわ》峠である。車道がここまで上がって来ている。

南側に金網が張ってあり、立入禁止の看板が目につく。金網の向こうに広がる日の出町の山林や谷間一帯は大規模な廃棄物最終処分場として現在稼動中である。

金網に沿ってさらに東に行くと、旧二《ふた》つ塚《づか》峠に出る。

その昔、病に倒れた母と娘の哀しい話も伝わる塚である。そこから左に尾根上の道を下り、道標にしたがって沢沿いの道を下り、民家の横を通り、長渕七丁目に出る。ここから都バスで青梅駅に出る。時間があれば、西に1キロほど行き、釜の渕《かまのふち》公園を経て青梅駅に出るのもよい。多摩川が蛇行して造った釜の淵の侵食地形は一見の価値がある。

旧二つ塚峠

▼行程：JR青梅線宮ノ平駅↓30分↓稲荷神社前・自然歩道入口↓30分↓尾根道↓20分↓天狗岩分岐（天狗岩往復20分）↓5分↓赤ぼっこ分岐（赤ぼっこ往復5分）↓20分↓馬引沢峠↓20分↓旧二つ塚峠↓30分↓長渕七丁目バス停＝都営バス・10分＝JR青梅線青梅駅

▼地図：国土地理院発行地形図2・5万分の1青梅、武蔵御岳

▼問合せ：青梅市役所商工観光課0428-24-2481、青梅市観光協会0428-22-1111、東京都交通局杉並営業所青梅支所（都バス青梅支所）0428-23-0288

【思い出記録】

☆——歩程▼約3時間

(41) 青梅七国峠ノ峰《おうめしちこくとうげのみね》——青梅北部の古い峠道が通る丘

【地図198頁】

青梅市と埼玉県飯能市、入間市の境には標高200メートルほどの丘陵（加治《かじ》丘陵）がこんもりと連なっている。青梅市では霞《かすみ》丘陵と呼び、ハイキングコースも整備され、大勢の市民が散策を楽しんでいる。

丘陵の中ほどには七国峠があり、そばに三角点が設置されている峰（標高226メートル）がある。丹沢山塊《たんざわさんかい》や富士山の展望がよい。

《ガイド》

JR青梅線の東青梅駅から都バスや西武バスで岩蔵《いわくら》温泉まで行く。

橋を渡り、コーヒー店の横を左に曲がると、源泉の上に立つ温泉神社に出る。

単純アルカリ性の滑かな泉質で、神経痛などの病気に効くと古来から近郷の人々に知られていた温泉である。『新編武蔵風土記稿』（江戸時代の地誌）にも疝気《せんき》（腰腹部の疼痛の病気の総称）に「甚だ効験あり」と記載されている。

さて、七国峠へ向かうことにしよう。温泉神社の前を通り、民家の庭先の小道を行き、小橋を渡って坂を登る。車道の傍らに古い道標があるので、それに従い栗林の横の道に入る。一部に石がゴロゴロした荒れた坂を登り、尾根上で右に行く。

緩やかな尾根道を木漏れ日を浴びながら歩く。

左側には手入れのよいスギ、ヒノキの美林が広がる。

飯能市の岩渕、落合方面への道を右に3カ所ほど分けて、さらに南に行く。道端には四季折々に野草が可憐な花を咲かせる所だ。

弥平衛松《やへえまつ》と石碑（この地の森林造成の先駆者を顕彰した石碑）がある所が、地形図で七国峠と記載してある所だ。

さらに少し行くと広々としたサッカーでも出来そうな平坦地がある。冬でもここは日だまりで暖かい。

すぐ脇に小峰がある。滑りやすい赤土の道を登るとすぐに山頂に着く。三角点がひっそりと立っている。丹沢山塊や富士山、奥多摩の連山の展望が素晴らしい。

元の広場に戻り、尾根道を下る。交通量の多い車道に出ると、そこが笹仁田峠《ささにた》である。道路を渡り、立正佼成会の敷地の中のハイキングコースを通り、少し薮もある尾根道を行くと、塩船観音寺《しおふねかんのんじ》の境内に出る。ツツジやアジサイで有名な寺である。帰路のバス停は山門から5分ほど先にある。

七国峠の尾根道

▼行程：JR青梅線東青梅駅＝都バス成木循環または西武バス飯能行き＝15分＝岩蔵温泉バス停→3分→温泉神社→10分→七国峠入口→1時間→七国峠三角点峰→20分→笹仁田峠→1時間→塩船観音→5分→塩船観音バス停＝20分＝JR青梅線河辺駅

▼地図：国土地理院発行地形図2・5万分の1青梅

▼問合せ：青梅市役所（商工観光課）0428-24-2481、青梅観光協会0428-24-1111、都バス青梅営業所0428-23-0288、西武バス飯能営業所0429-72-4112

【思い出記録】

コラム④

山歩きの基本
その4　山の天気

山での天気は変わりやすいというのは本当だ。

当たり前だが、降雨は雲によって起こる。雲は上昇気流などで発生しやすい。

山では斜面に沿って空気が這い上がり、上昇気流が頻繁に発生する。

富士山では、周囲には雲がないのに、山腹や頂上付近だけ雲が湧くことはよくある。奥多摩の山々でも、似たようなことが起こる。特に大地が温まった午後にこの現象が多い。

したがって、山では朝早く行動を開始して、午後はなるべく早く下山したり、山小屋に入るのが望ましい。

夏の場合、もくもくと入道雲が立ち上がって来たら、雷雲の恐れがある。このときは、出来るだけ早く稜線から離れ、窪地などに避難する。

光ってから音が来るまでの時間が短いほど雷は近いから、要注意だ。

いずれにしろ、山の天気の変化は、山麓に住む人達がよく知っている。雲行きがあやしかったら、登る前に聞くなりしたい。

また、山小屋泊の場合には、主人によく聞くようにしたい。

岩蔵温泉
岩蔵温泉郷
弥平衛松
226
青梅七国峠の峰
広場
立正佼正会
ゴルフ場
笹仁田峠
塩船観音
塩船観音
（41）青梅七国峠の峰
JR青梅
釜の公園
長渕7丁目
旧二ッ塚峠
ゴミ処分場
1000m
0
1000
（五日市・青梅）

(38) 雷電山・辛垣城跡山
三方山
榎峠
赤仁田
上坂
494
雷電山
辛垣城跡山
450
栗平
名郷峠
JR軍畑
454
三方山
JR二俣尾
愛宕神社
吉川英治
記念館
吉野愛宕山
即清寺
(39) 三室山・吉野愛宕山
愛宕神社
奥院
JR日向和田
三室山
647
ゴルフ場
JR宮の平
梅ノ公園
通矢尾根
琴平神社
稲荷神社
多摩川
展望よい
要害山
天狗岩
350
馬引沢峠
赤ぼっこ
410
(40) 天狗岩
赤ぼっこ

☆――歩程▼約2時間40分

(42) 浅間岳《せんげんだけ》・大澄山《だいちょうざん》――羽村の堰を眼下に見ながら丘陵を歩く

【地図204頁】

羽村《はむら》市を流れる多摩川の右岸には標高200メートルほどの丘陵が連なる。

周囲は住宅地やゴルフ場として開発されてしまったが、尾根筋には、まだ自然豊かな雑木林が残っている。

都立公園としてハイキングコースが整備されてからは、大勢のハイカーたちが訪れるようになった。このコースの両端にある展望のよいピークが浅間岳（標高220メートル）と大澄山（標高193メートル）である。

《ガイド》

ＪＲ青梅線羽村駅西口から、南に羽村の堰に向かう道を行く。陸橋を渡り、鎌倉街道（山辺の道）の標識のある道を下り、禅《ぜん》林寺《りんじ》（小説『大菩薩峠《だいぼさつ》』の著者中里介山《なかざとかいざん》の菩提寺）に出る。

この先、左に曲がり、羽村の堰に行く。ここには玉川上水の取水口がある。

玉川上水は江戸時代前期（１６５４年、承応3年）に玉川庄右衛門《たまがわしょうえもん》、清右衛門《せいうえもん》の兄弟が苦労の末に開通させた全長50キロの人工の川である。

標高差１００メートルもないほとんど平らな原野に川を掘ることは大変なことだったろう。

少し戻り、多摩川に架かった人や自転車専用の橋を渡り、右岸に行く。すぐそばの堤防の下に希少種のカワラノギク（花期は晩秋）の保護区がある。

市営郷土資料館（中里介山、玉川上水の資料や展示物が充実）の横からハイキングコースが始まる。

ほとんど砂利で埋まった砂防堰堤をいくつか越え、ミゾソバ、ツリフネソウなどの山野草が多い谷沿いの木製階段がある道を登る。

やがて、崖上の台地に建つ羽村神社に着く。少し奥に行くと、足元が切れ落ち、展望が広がる。先ほどの羽村の堰や羽村市街地が陽炎の中に揺らいで見える。

浅間岳は羽村神社手前からわずか先にある。ベンチや休憩舎もあり休憩の適地だ。その名のとおり、富士山がよく見えた所であるが、近年は樹木も育ち、見えない（葉が落ちる冬季は枝の間から見えるが）。

ここから、左に行き、ゴルフ場の管理道路を通るが、すぐに雑木林の中の道を歩く。野鳥のさえずりがよく聞こえる。

アップダウンを何回か繰り返し、多摩川

浅間岳から多摩川、羽村の堰を望む

を眼下に一望できる場所に出る。ベンチもあるのでゆっくり展望を楽しみたい。

この先は、ゴルフ場の入口付近にある石の階段道を登る。

ピークの頂上付近には妙見様《みょうけん》（北極星を神格化した妙見菩薩）を祀った古い堂がある。昔は水も湧いたという井戸がお堂の前にある。今は下から水道を引いている。

滑りやすい急な石段道を下り、羽村大橋の交差点を経て、右へ江里坂《えさとざか》を登り、道標に注意しながら、左の小道に入る。

人家や木材加工工場の横を通り、孟宗竹が密集している竹林の中を行く。落ちた竹の葉で道も埋もれている。

今度は大型犬が何十頭もいる家の横を吠えられながら急ぎ足で過ぎ、坂道を登り切ると大澄山頂である。

休憩舎があり、北の方に羽村市街地がパノラマのように広がって見える。右奥のはるか遠くには日光連山もかすかに見える。右に草花神社への道を見送り、苔が生え滑りやすい道をゆっくり下ると、ほどなく大澄山入口と書いた木柱の脇に出る。目の前にこの地の名刹慈勝寺《じしょうじ》があるので、時間があれば寄ってみたい。

境内の本堂前には樹高20メートル《ー ル》は越えるモッコク(ツバキ科の樹木)の大木がある。東京都の天然記念物に指定されている。

また、「なんじゃもんじゃ」の木と言われたタブノキの大木も裏にある。

帰途は近くの下草花《しもくさばな》バス停からJR福生駅までバスが通っている(本数は多い)。2キロほどだから歩いてもたいしたことはない。

▼行程:JR青梅線羽村駅↓15分↓禅林寺↓5分↓羽村の堰↓20分↓羽村市立郷土資料館↓20分↓羽村神社↓2分↓浅間岳↓30分↓ゴルフ場入口↓10分↓妙見堂↓10分↓羽村大橋↓30分↓大澄山↓10分↓慈勝寺↓3分↓下草花バス停=多摩バス5分=JR福生駅

▼地図:国土地理院発行地形図2・5万分の1青梅、拝島

▼問合せ:羽村市役所商工課042-555-1111、あきる野市役所商工観光課042-558-1111、多摩バス青梅営業所0428-32-0621

【思い出記録】

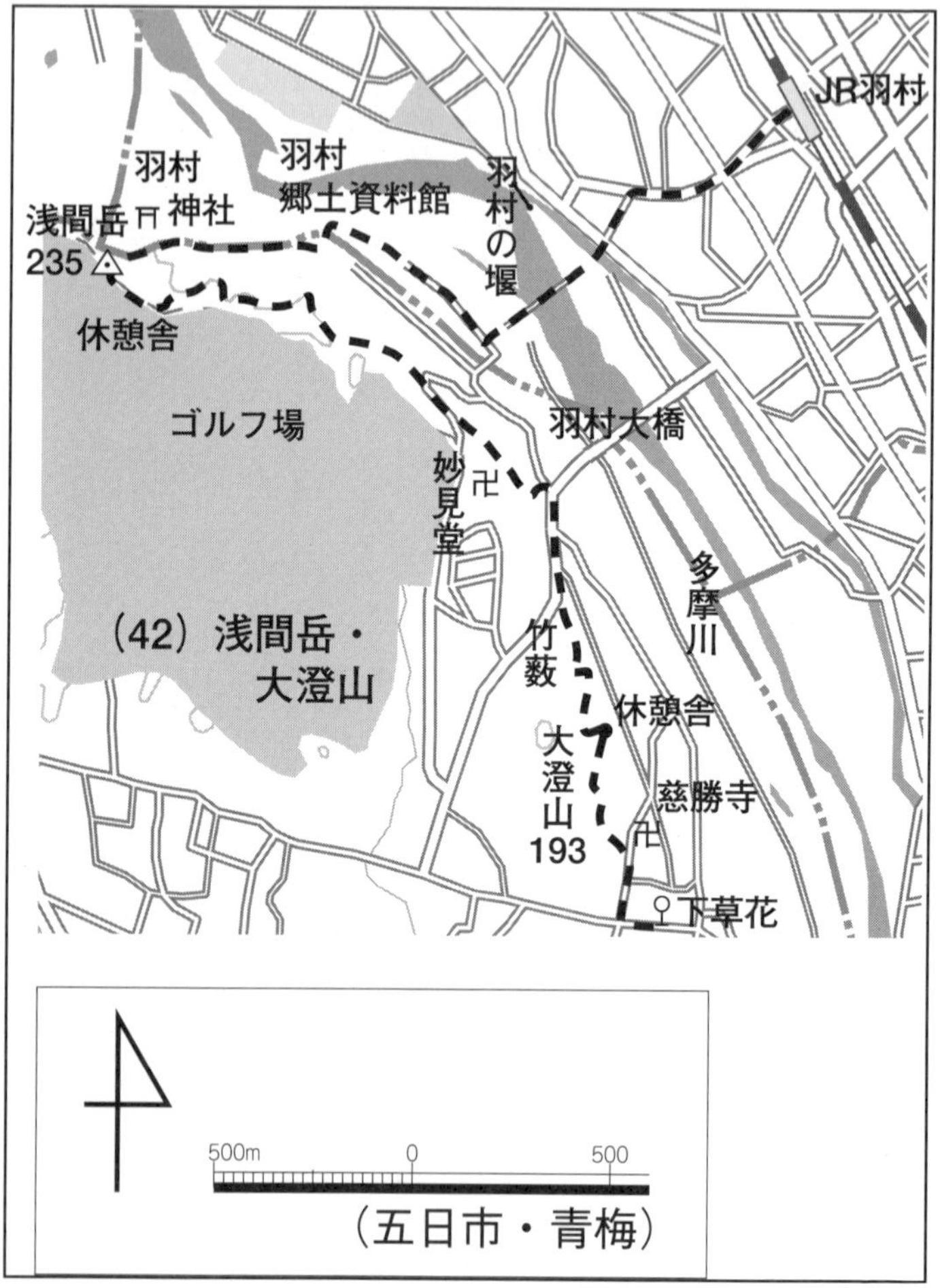

JR羽村
羽村
郷土資料館
羽村神社
羽村の堰
浅間岳
235
休憩舎
ゴルフ場
羽村大橋
妙見堂
多摩川
(42) 浅間岳・
大澄山
竹薮
休憩舎
大澄山
193
慈勝寺
下草花
500m
0
500
(五日市・青梅)

五、高尾山や浅川流域の山々

草戸峠から望む高尾山

☆☆——歩程▼約4時間40分

(43) 醍醐丸《だいごまる》——八王子市の最高峰の山

【地図216頁】

広い八王子市には数多くの山々（高尾山《たかおさん》や陣馬山《じんばさん》など）があるが、醍醐丸の名を知っている人は少ない。

浅川の支流、醍醐川の水源にもなっている標高867メートルの山である。南側の神奈川県藤野町の和田集落では、北風をさえぎってくれるありがたい山として大事にされている。

《ガイド》

JR中央線藤野駅から津久井神奈中バスで和田まで行く。バスは沢井川《さわいがわ》に沿った鄙びた山間の集落を走る。のどかな光景が続く。

終点の和田までは16分ほどで着く。目の前に県立陣馬自然公園センターがある。出発前に立ち寄ってみたい。陣馬山域の様子

醍醐丸山頂

がよくわかる。

醍醐丸へは車道をさらに20分ほど歩き、水道ポンプ場の建物の脇から、登山道に入る。沢沿いの小道を行き、少し荒れた沢を何回か渡り返しながら登る。沢の中の岩をヒメレンゲの黄色い花がびっしりと覆っている。

やがて、沢沿いの道を離れ、スギの植林地をジグザグに急登する。途中で涸れた小沢を渡り、さらに植林地を登って行くとひょっこりと尾根に出る。

ベンチや防火用のドラム缶がある醍醐峠である。和田峠からの縦走路と醍醐丸の東山腹を巻きながら醍醐集落へ出る道が交差している。

醍醐丸には左への縦走路を登る。南の山腹を巻く道を見送り、急登しばしで醍醐丸の山頂に着く。南側がスギ植林地、北側がコナラなどの自然林が広がる。ベンチもあり休憩にもってこいだ。北の方に展望があり戸倉三山《とくらさんざん》方面が見える。

山頂を辞し、目の前の急下降の道を下る。夏季は薮が茂りわずらわしい所だ。

下り切ると醍醐峠から山腹を巻いてくる道と合わさる。これからは吊り尾根と言われる平坦な尾根道を行く。落葉樹も多く、新緑や紅葉の時期はとくに美しい所だ。大《おお》櫟《くぬぎ》や小櫟《こくぬぎ》のピークをいつの間にか過ぎ、醍醐への分岐に出る。

右の醍醐への道を下り、林道に出る。ここから長い林道歩きではあるが、森林浴を楽しみながら、所々にある鄙びた山間集落の中を下る。

関場《せきば》で八王子行きの西東京バスに乗る。

▼行程：ＪＲ中央線藤野駅＝津久井神奈交バス＝16分＝和田→20分→醍醐峠入口（水道ポンプ所）→1時間→醍醐峠→30分→醍醐丸→1時間10分→醍醐分岐→20分→醍醐林道→1時間→関場バス停＝西東京バス＝45分＝ＪＲ八王子駅、京王八王子駅
▼地図：国土地理院2・5万分の1与瀬、八王子
▼問合せ：八王子市役所商工課０４２６-20-７３７８、八王子市観光協会０４２６-20-７３８１、西東京バス恩方営業所０４２６-52-１７７１、津久井神奈中バス０４２７-84-９００２

【思い出記録】

☆☆——歩程▼約5時間

(44)景信山《かげのぶやま》・堂所山《どうどこやま》——爽やかな風が吹く奥高尾の稜線を歩く

【地図216頁】

高尾山《たかおさん》から北の尾根に続く山々は奥高尾と呼ばれる。
小仏峠《こぼとけとうげ》の北に頭を持ち上げる二つのピークが景信山（標高727メートル）と堂所山（標高731メートル）である。
景信山は、戦国時代に近くの八王子城で活躍した武将横地監物景信《よこちけんもつかげのぶ》にちなんでつけられたという。堂所山はその時代にお堂があった所という。北高尾山稜への縦走路がここから分岐する。

《ガイド》

JR中央線高尾駅から京王バスで小仏まで行く。バスは甲州街道（国道20号）をしばらく走り、右折して旧甲州街道へ入る。大垂水峠《おおたるみとうげ》の道が開かれるまでは、この道が甲州への主要道であった。小仏関所跡を車窓から見ながら、裏高尾梅郷《うらたかおばいごう》と呼ばれるほどウメが多い街道を走り、20分ほどで終点の小仏バス停に着く。

左に宝珠寺《ほうしゅじ》（東京都指定天然記念物のカゴノキの巨樹がある）を過ぎて、ヘアピンカーブ（この付近に景信山東尾根を経由しての景信山への登山道がある）を曲がり、急な階段とモノレールが延びる真の道奥宮《まことのみちおくみや》入口を越えると、いよいよ登山道になる。

最初は幅広い道ではあるが、次第に石がゴロゴロする道に変わり、右の尾根へジグザグの急登を数回繰り返すと、道はなだらかになり、小仏峠に飛び出す。

峠には茶屋があり、付近の山で採れたナメコやナラタケのキノコ汁を販売する。

また、タヌキの像や明治天皇巡幸碑も立っている。

峠から右へ関東ふれあいの道のコースにもなっている登山道を、樹林の中を出たり入ったりしながら登る。

ぱっと見晴しのよい尾根に出たあと、階段の急登しばしで景信山頂に着く。山頂には茶店があり、野外にテーブルやベンチが店を取り巻くようにずらっと並んでいる。

三角点は茶店の裏にあり、そばに山頂標示板が立っている。東尾根の斜面下には太陽発電と雨水を利用した清潔なトイレが建っている。

展望を楽しみながらゆっくりと休憩したい所だ。

秀麗で雄大な富士山を、三脚を立てて大型カメラで撮影している人がいる。

さて、堂所山へは幅広い赤土の滑りやす

い道を行く。大勢が通るのか荒れた感じの道が続く。ピークがいくつかあるが、そこには巻道もついている。好みの道を行こう。

マラソンランナーが何人か走り過ぎて行く。最近、ここに限らず、多摩地区の山々ではよく出会う。

景信山山頂

白沢峠《しらさわとうげ》を過ぎて、しばらく行くと、堂所山への分岐があるので、そちらに入る。

「夕焼け ふれあいの道」への新しい道標が立っている。あごが出るような急坂ではあるが、そんなに長くない道を登ると、静かな樹林の中にベンチがある堂所山頂に着く。関東ふれあいの道から外れているためか、めったに人が来ない。北高尾山陵の八王子城山へ行く縦走路がここから始まる。

なお、夕焼け小焼けで有名な恩方《おんがた》への道は、北高尾山陵縦走路の途中の、関場《せきば》峠の少し先から分岐している。

山頂から南西に下る道を行くと、ほどなく主登山道に合流する。底沢《そこざわ》峠で左に底沢集落への道を分け、さらに、少し先で右へ陣馬高原下バス停への道を分ける。

幅広い尾根道を一登りすると明王《みょうおう》峠に着く。松の大木の脇に不動明王尊の石碑が立っている。この峠の名称の元になった石碑だ。峠は広く開け、茶店もあり、大勢の登山者が休んでいる。

相模湖へは南に下る尾根の階段道を行く。緩やかな樹林帯を通り、石投げ地蔵の塚（江戸時代天明の頃、病死した娘を葬った塚という）を過ぎ、車道幅の林道を横切り、緩やかに登り返す。

矢ノ音《やのね》で奈良本《ならもと》や相模湖沿岸の吉野《よしの》集落への道を左に分け、さらに先を行く。

左奥には今日歩いて来た景信山や堂所山が大きく見える。大明神山《だいみょうじんやま》や子孫山ノ頭《まごやまのあたま》の小ピークを越えると、急下降が始まる。かなり前のことだが、ここで足首を痛めた仲間を背負って難渋しながら下ったことを思い出す。気を張り詰めてしっかりと下ることにする。

与瀬《よせ》神社を過ぎ、陸橋を渡ると相模湖駅はすぐそこだ。

▼行程：ＪＲ中央線高尾駅＝京王バス・20分＝小仏→1時間→小仏峠→40分→景信山→1時間→堂所山→20分→底沢峠→10分→明王峠→50分→吉野分岐→1時間→与瀬神社→5分→ＪＲ中央線相模湖駅
▼地図：国土地理院発行地形図２・５万分の１八王子、与瀬
▼問合せ：八王子市役所商工課０４２６-20-７３７８、八王子市観光協会０４２６-20-７３８１、相模湖町役場産業観光課０４２６-84-３２１１、京王バス電話案内所０４２-３３８-２１２１
【思い出記録】

☆☆——歩程▼約3時間20分

(45) 陣馬山《じんばさん》——山頂はお花畑と360度の展望

【地図216頁】

八王子の恩方《おんがた》地方と神奈川県の藤野《ふじの》地方の境界にある山（標高855《メートル》）。武田信玄《たけだしんげん》軍と北条氏照《ほうじょううじてる》軍が何度か戦った山でもある。戦の陣地を張った所から陣張《じんばり》山と称した。それが陣場山になり、さらに陣馬山になったという。山頂に白馬の大きな像が設置されてから、すっかり陣馬山の名が定着した。

《ガイド》

JR八王子駅の北口のバスターミナルから西東京バスで陣馬高原下まで行く。55分もの長い乗車時間ではあるが、夕焼け小焼けの里で知られた恩方の里の風景を眺めながら行くので、そんなに飽きない。

両側に高い山が迫って来たところで、終点の陣馬高原下である。

ここからは約1時間ほどの車道歩きが始まる。時折通過する車に気をつけながら登って行く。

さて、途中に陣馬山頂下へ直接行ける新道が、左へ分岐している（一部急坂あり）。車道歩きのいやな方は、こちらの道を登る（約1時間）。

ヘアピンカーブを三つほど曲がると広々とした和田峠《わだ》に着く。駐車場（有料）や茶店があり、ベンチやテーブルも外に設置してある。

陣馬山へは階段直登の道と左の山腹を巻きながら行く道（最後の山頂直下は急登）の二つある。時間は大差ないが、ここはてっとり早く階段直登の道を行く。

息が荒くなった頃、一旦緩やかになるが、また、第2段の階段道が続く。右側の斜面には平成元年頃に植栽されたソメイヨシノがかなり大きくなっており、4月半ばにはきれいに咲きそろう。

階段が終わり、山頂が近くなってくる。丸い山頂付近は山野草の宝庫である。とくに初夏はクルマユリ、ヤマユリ、オオバノギボウシなどの花が緑の草原の中でよく目立つ。ただ、最近は残念ながらユリのたぐいが減ってきた。折って持ち帰る人がいるからだそうだ。

山頂は360度の展望が得られる。地図を眺めながらの山座同定も楽しい。

陣馬山から南に尾根道を行き、栃谷《とちや》尾根の分岐を見送り、左に90度ほど折れて多少のアップダウンを交えながら緩やかに下って行く。自然林が多く気持ちのよい尾根道である。

白馬の像のある陣馬山山頂

奈良子《ならこ》峠、明王《みょうおう》峠を過ぎ、底沢《そこざわ》峠付近で左へ陣馬高原下への道に入る。

途中ジグザグの急下降を経て、陣馬高原キャンプ場前を通過、沢沿いの車道を行くと、人家が現れ、陣馬高原下バス停に出る。

▼行程：JR八王子駅＝西東京バス・55分＝陣馬高原下↓1時間↓和田峠↓30分↓陣馬山↓30分↓奈良子峠↓10分↓明王峠↓10分↓底沢峠↓1時間↓陣馬高原下＝西東京バス・55分＝JR八王子駅

▼地図：国土地理院発行地形図2・5万分の1与瀬

▼問合せ：八王子市役所商工課0426-20-7378、八王子市観光協会0426-20-7381、藤野町役場産業課0426-87-2111、西東京バス恩方営業所0426-52-1771

【思い出記録】

関場
案下川
(44) 景信山・堂所山
堂所山 731
景信山
727
茶店
小仏
小仏峠
茶店
1000m
0
1000
(五日市・上野原)

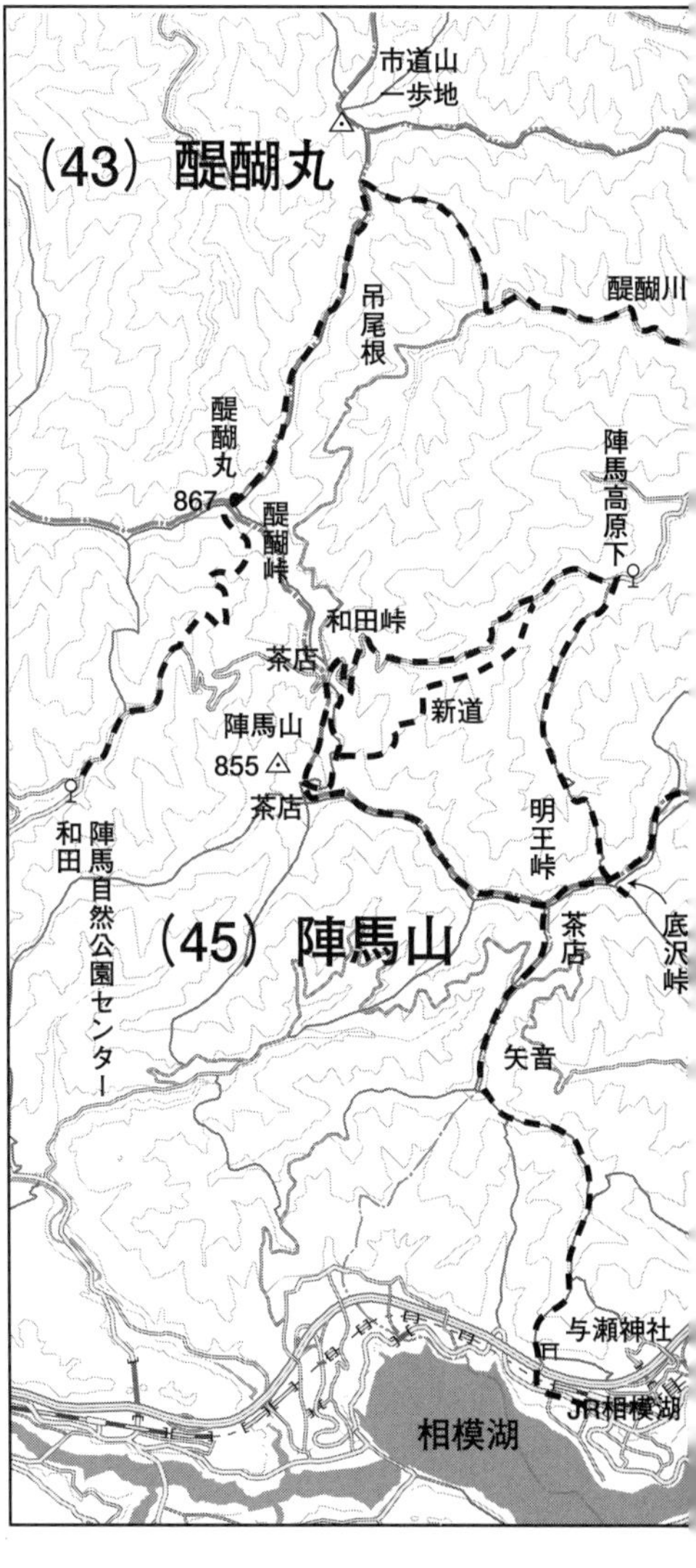
市道山
一歩地
（43）醍醐丸
醍醐川
吊尾根
醍醐丸
867
醍醐峠
陣馬高原下
和田峠
茶店
新道
陣馬山
855
茶店
和田
陣馬自然公園センター
明王峠
底沢峠
（45）陣馬山
茶店
矢音
与瀬神社
JR相模湖
相模湖

☆――歩程▼約3時間30分

(46) 八王子城山《はちおうじじょうやま》・富士見台《ふじみだい》

――戦国時代の北条氏の夢が眠る

【地図233頁】

戦国時代に多摩地区を治めた北条氏照《ほうじょううじてる》（小田原の北条氏一族）の城があった山が八王子城山（標高446㍍）である。低山ではあるが、懸崖が続く峰々は天然の要害や砦としてうってつけであったようだ。

尾根はさらに西に続き、天主閣の峰や富士見台（標高558㍍）のピークを持ち上げ、奥高尾の堂所山《どうどこやま》へと連なる。

《ガイド》

ＪＲ中央線高尾駅で下車。北口から小仏《こぼとけ》行きの京王バスに乗る。バスはしばらくは国道20号（甲州街道）を走るが、中央線のガードを過ぎた先で左に折れ、旧甲州街道に入る。

早春には馥郁とした梅の香がバスの中まで入ってくる裏高尾の梅郷を走る。大下で下車し、少し戻って左の小下沢《こげざわ》林道に足を進める。

高速道路の中央道ガードをくぐると右の山腹に梅林が広がる。小仏トンネルを掘った時の残土を捨てた斜面に梅の木を植えたのが育った所だ。地形の関係で日照が少なく、開花時期は3月下旬と遅い。

沢沿いの林道を樹木の芽生えを眺めたり、野鳥のさえずりを聞きながらのんびりと足を進める。以前、キャンプ場があった場所である。

ここから右へスギ植林の中を急登すると北高尾山稜縦走路の峠に出る。板当《いたあて》峠という表示がしてある。

左下に恩方《おんがた》へつながる林道が見える。尾根伝いに東に行き、眼前に聳える高ドッケと呼ばれているピークを登り、右に曲がり下って登り返せば、三角点のある杉ノ頭《すぎのあたま》だ。樹木の中の寂峰である。

この峰を越え、縦走路から右に離れ、わずかに登ると展望がよい富士見台に着く。その名のとおり、奥高尾の山々の上に富士山が雄大に屹立しているのが見える。ベンチもあるのでゆっくりと休憩したい所だ。

富士見台から南東へ延びる尾根を下り(ピークがいくつもありアップダウンが続く)、裏高尾の蛇滝口《じゃたきぐち》バス停に出る道があるが、中央道と圏央道とのジャンクションの工事のため、長い仮設階段を迂回させられるので、完成(平成17年完成予定)までは入らないほうがよい。

縦走路に戻り、小ピークを越え、石切場跡を過ぎて急登すると天主閣跡(詰め城跡)に着く。天正18年(1590年)、秀吉《ひでよし》勢

八王子城山——北側の松竹より望む

の前田利家《まえだとしいえ》、上杉景勝《うえすぎかげかつ》らの猛攻を受け、必死の攻防を繰り返した所だ。大石を弾丸代わりに投げ落としたという。

　防御のために削ったと言われる細くなった尾根を下り、馬冷やしの場と言われる鞍部に着く。この先は樹木の間をジグザグに登って、坎井《かんせい》という井戸に出る。手押しポンプがあるので押してみると冷たい水がほとばしる。城詰めの武将達が飲んだ水だ。

　八王子城の本丸跡・二の丸跡はここから少し登った所だ。小広く台地状になっている所は、今は展望台になっており、ベンチやテーブルが設けられている。

　周囲にはソメイヨシノ、ヤマザクラ、イロハモミジなど広葉樹が多く植えられ、春や秋には花見や紅葉狩りの人たちで賑わう。遠く八王子市街地や横浜方面が霞の中に浮かんで見える。裏には古色蒼然とした八王子神社が鎮座している。

　下山は尾根近くにつけられた縦走路を行く。三角点があるピークは、左へ藪やススキをかき分けて登った所にあるが、展望もないので割愛する。

　九合目の石柱を過ぎてから急坂を下るようになる。恩方方面への道や沢沿いを下る巻く道を分け、日当たりのよい尾根の金子丸曲輪《くるわ》跡を下る。右側の梅林一帯が弾薬庫があった所だ。

　石段の道を大きく左に回り込み、沢沿いの巻道を合わせ、鳥居をくぐり車道に出る。

　すぐ先に、八王子城跡の資料などをそろえた案内所がある。北条氏照が居住してた館跡も付近にある。時間があれば寄ってみたい。


　帰路は車道を1キロほど歩き霊園前バス停まで行く。以前は近くにまでバスが入ったが、乗客減少につき廃止された。なお、帰路の途中で、少し左の山に入った所に北条氏照の墓もある。

▼行程：JR中央線高尾駅＝京王バス15分＝大下→5分→小下沢梅林→30分→キャンプ場跡→30分→板当峠→50分→富士見台→40分→八王子城山→30分→八王子城跡案内所→20分→多摩バス霊園前＝5分＝高尾駅
▼地図：国土地理院2・5万分の1八王子、与瀬
▼問合せ：八王子市役所商工課0426-20-7378、多摩バス恩方営業所0426-50-6660、京王バス電話案内所042-338-2121

【思い出記録】

☆――歩程▼約3時間

(47) 高尾山《たかおさん》・小仏城山《こぼとけじょうやま》

――知名度No.1の名山で豊富な自然に触れる

【地図233頁】

奥多摩や多摩に数多くある山の中で、知名度はおそらくNo.1であろう。初詣、新緑、紅葉と四季を通じて300万人は登る山である。ケーブルを使えば高尾山山頂（標高599メートル）まで小1時間で着く、手軽な山である。しかし、展望は素晴らしく、動植物も低山とは思えないほど豊富に生息、生育している。さらに尾根筋を通って小仏城山（標高670メートル）まで足を延ばすと相模湖辺りが一望出来る別天地が広がる。

《ガイド》

京王線高尾山口駅から右の遊歩道を行き、高尾登山電鉄の清滝《きよたき》駅からケーブルカーか、エコーリフトで中腹まで上がる。日本で最高の31度の急斜面をケーブルカーは登り、12分で高尾山駅に着く。

駅前広場の東の角にブナが立っている。目の高さに枝があるので、花や実が自然の状態で観察出来る。

高尾山山頂の二等三角点

　コンクリート舗装がされた遊歩道を行くとすぐにサル園・野草園（有料）前に出る。ここには返事をするサルがいることで有名であり、また、野草園では高尾山域に生育する野草や樹木を一通り見ることができる。時間があったら寄ってみたい所だ。

　さて、タコ杉（根本がタコのようになっている古木）を過ぎ、鳥居をくぐると道が二分される。左が男坂（１０８階段）で右が女坂（緩やかな坂道）である。どちらを通っても上で合流する。

　この先の遊歩道左側には樹齢１０００年は超えるスギの巨木群（東京都天然記念物）が林立している。

　夜になるとムササビが雄大に滑空する森でもある。

　山門をくぐり薬王院《やくおういん》の境内に入る。いつ

も参拝客で賑わっている。薬王院は正式名を高尾山薬王院有喜寺《ゆうきじ》といい、関東真言宗の三大霊場（他の二つは成田山新勝寺《しんじょうじ》、川崎大師）である。

高尾山頂へは本殿の前を右に回り込んで急な階段を登り、奥の院の飯縄権現社《いづなごんげんしゃ》の横を通って行く。道は軽く下り、すぐに登り返して、大きなトイレを右に見ると、わずか先が山頂である。

広い台地状の高尾山頂は高尾山ビジターセンターや数軒の売店が立ち並び、山上とは思えない園地風の所である。広場の脇に二等三角点が柵で囲まれて立っている。

三角点付近からは新宿の超高層ビル群や陽光を受けて光る相模湾などが遠望出来る。西端に行くと富士山や丹沢山塊《たんざわさんかい》が大きく展望出来る。空気が澄んでいる時には、はるか遠くに南アルプスの一部も見える。

ここは十二州見晴台（武蔵《むさし》、相模《さがみ》、安房《あわ》、上総《かずさ》、下総《しもうさ》、常陸《ひたち》、上野《こうずけ》、下野《しもつけ》、信濃《しなの》、信州《しんしゅう》、甲斐《かい》、駿河《するが》）とも言われているが、まさにそのとおりの展望である。

高尾山から北の小仏城山に向かう。20０段ほどの階段を下り、尾根道を緩やかなアップダウンを繰り返しながら行く。春はヤマザクラが咲き、秋にはノギクの花やカエデの紅葉、冬は氷花シモバシラなどを眺めながら行く気分爽快な尾根道である。なお、右に山腹を行く巻道もある。

一丁平《いっちょうだいら》を越え、電波塔を過ぎて一登りで小仏城山である。西面が広々とした草原で登山者が寝転んで休息している。ここも富士山の展望が素晴らしい。なお、山頂付近には茶店や電波塔がある。

帰路は細い車道の日影林道を下る。深い森林の中の日影沢に沿った道を、足取りも軽やかに下る。車も来ず、静かである。右からいくつかの登山道を合わせ、いろはの森からの道を合わせると森林センターがある。トイレもあるので小休止にもってこいだ。ここから日影バス停まで８００《メートル》ほどである。

なお、高尾山には登山道や散策路、自然研究路が数多くある。ぜひ、季節を変えて登ってほしい。筆者はここ20年間、年に4、5回コースを変えて登っている。何度登っても、毎回楽しい発見がある。

登りとして、①稲荷山《いなりやま》コース、②沢沿いの琵琶滝《びわたき》経由の6号路コース、③裏高尾から蛇滝経由で、吊り橋の4号路コースなどがある。

また、下りには①小仏城山から相模湖へ下るコース、②小仏城山から小仏峠へ下るコースなどがある。

▼行程：京王線高尾山口駅↓5分↓高尾登山電鉄清滝駅＝ケーブル・6分＝高尾山駅↓30分↓薬王院↓20分↓高尾山↓30分↓一丁平↓20分↓小仏城山↓1時間↓日影＝京王バス・15分＝JR高尾駅

▼地図：国土地理院発行地形図2・5万分の1八王子、与瀬

▼問合せ：八王子市役所商工課0426-20-7378、八王子市観光協会0426-20-7381、高尾登山電鉄0426-61-4151、京王バス電話案内所042-338-2121、高尾山さる園・野草園0426-61-2381、高尾ビジターセンター0426-64-7872

【思い出記録】

☆——歩程▼約4時間30分

(48) 大洞山《おおぼらやま》・中沢山《なかざわやま》・泰光寺山《たいこうじさん》

——津久井湖畔に聳える山稜を行く

【地図233頁】

高尾山《たかおさん》の南側に国道20号（甲州街道）を挟んで標高500メートル前後の山々が続く。南高尾山稜と呼ばれている山々（大洞山・標高536メートル、中沢山・標高494メートル、泰光寺山・標高475メートル）である。昭和60年代に環境庁の関東ふれあいの道・湖の道に指定されてから、道や道標も整備され、迷うこともなく歩けるようになった。南側の津久井湖《つくいこ》やその奥の丹沢《たんざわ》連山を眺めながら歩く山旅は楽しい。

《ガイド》

JR高尾駅北口から少し北に行った国道20号（甲州街道）にある停留場から津久井神奈中バスに乗り、大垂水《おおたるみ》峠で下車する。陸橋脇の階段道を登り、山腹の道に入る。

左下に林道を見ながら、急坂をジグザグと登り、丸太の階段を登る。シモバシラ（シソ科）が密集している斜面の中を行き、尾根の上に出る。ベンチがある所から右への踏み跡を行くと、やがて送電線巡視路に合わさり、相模湖町赤馬《あこうま》地区へ下ることが出来る。

大洞山へは左へ尾根道を行く。南側がスギ・ヒノキの植林、北側が自然林の尾根上のピークが大洞山（標高536メートル）である。南高尾山稜では最高峰である。ベンチやテーブルがあり、横に関東ふれあいの道の大きな案内板が立っている。

展望は樹木に邪魔されてよくない。

急坂を下り、アカマツの多い尾根を行き、急下降で鞍部に出る。わずか先で尾根直登の道と左に巻道がある分岐に出る。ここは直登してコンピラ山を踏みたい。一汗かいたころ頂に出る。展望は北の高尾山方面がよい。三等三角点がひっそりと足元で佇んでいる。

尾根伝いに東へ行き、ピークを一つ越え、急下降すると、巻道を合わせ中沢峠《なかざわ》に着く。ここから左に下るとすぐに中沢林道に出る。40分も下ると国道20号の山下集落に出ることが出来る。荒天の際のエスケープルートに使える。

さて、尾根の縦走路を行くと、ほどなく鉄塔の下を通る。ここはなかなか展望もよく、夏などは心地よい風が吹く場所なので休憩の適地である。都心の超高層ビル群がうっすらと見える。

中沢山はわずか行った先にある。直登の薮道を行ってもよいが、はっきりした縦走路は小尾根を回り込んでベンチのある台地に行くので、そこから登った方が容易である。山頂には等身大の聖観世音菩薩像《せいかんぜおんぼさつぞう》が立っている。山頂直下の中沢林道開通記念に建てたそうだ。

元のベンチのある所に戻り、山腹の道を行く。所々で南の視界が開け、津久井湖や丹沢の山々が雄大に見える。展望のよい所はたいてい足元が深く切れ落ちているので、写真など撮る時には要注意だ。

古い炭焼釜の跡を過ぎ、木製の階段を下ると、植林の中の暗い西山峠《にしやま》に出る。津久井湖畔三井《みい》と山下集落をつなぐ道が交差している。

直進の縦走路を行くと泰光寺山に登る。巻道もあるが我慢して尾根を行こう。岩交じりの急坂を登ると、樹木の中の静寂な山頂に着く。ベンチとテーブルがある山頂から、冬枯れの時期は枝越しに津久井湖方面が見える。

山頂を辞し、このコースで一番の急坂とも言える木製階段道を注意して下る。巻道を合わせ、工事中の林道を何回か渡

中沢山山頂に立つ聖観世音菩薩像

り返しながら下っていくと、広々とした三《み》沢《さわ》峠に出る。

今回は、ここから左の榎窪川《えのくぼがわ》に沿って林道を下る。

カーブの縁に獣の足跡が散乱している湿地がある。イノシシのヌタ場である。近年、多磨地区の山野はイノシシ、シカなどが増えており、農家はかなりの損害を被っている。

林道の右にぽつんと休憩舎が建っている。長い山歩きで疲れた人は小休止したい所だ。

この先、森林研修所、老人ホーム、料亭の間の道を行くと、左にカタクリの保護で知られた梅ノ木平《うめのきだいら》の小坂家がある。3月下旬から2週間ほど赤紫色の可憐な花が咲きそろう。時間があったら鑑賞したい（協力金200円）。

京王線高尾山口へは国道20号を歩いて2キロ《キロ》ほどである。

▼行程：JR中央線高尾駅＝津久井神奈中バス15分＝大垂水峠→30分→大洞山→20分→コンピラ山→10分→中沢山→1時間→西山峠→15分→泰光寺山→15分→三沢峠→40分→梅ノ木平→20分→京王線高尾山口駅（梅ノ木平からバスの便があるが本数が少ない）
▼地図　国土地理院2・5万分の1八王子・与瀬
▼問合せ：八王子市役所商工観光課0426-20-7378、神奈川中央交通バス津久井営業所042-784-0661

【思い出記録】

☆――歩程▼約２時間40分

(49) 草戸山《くさどやま》――城山湖畔に立つ町田市最高峰の山

【地図233頁】

東京都西南部と神奈川県北部の境界にある南高尾山稜の末端にある山。眼下に城山《しろやま》湖《こ》を見下ろし、遠くに相模原方面を望む展望がよい山。

標高が３６５メートル（地形図では３６４メートル）なので「一年山」とも言われる。短時間で登られるのでいつも大勢のハイカー達で賑わう。

《ガイド》

ＪＲ相原《あいはら》駅で下車。少し先のバスセンターから出る神奈川中央交通バスの大戸《おおと》行きに乗る。

終点から一つ前の青少年センター入口で下車。案内板に従い右の道へ入る。８００メートルほど行くと町田市大地沢《おおちさわ》青少年センターがある。境川《さかいがわ》（町田市と相模原市の境を流れ、藤沢市で相模湾に流入）沿いの静かな森の中にある。沢沿いの道を奥に行くとキャンプ場があり、その先の左に、草戸峠や草戸山へ登る道がある。

登る前に、境川源流の湧水地がもう少し先にあるので、行ってみる。石がゴロゴロした細い谷間からちょろちょろと水が湧き出ている。草戸山の下30メートルにある源流地点である。山頂には藪こぎ覚悟で登ることは出来るが、一般向きではない。

先ほど見送った登山道に戻り、山間のジグザグ道を登る。一汗かいた頃、尾根にある草戸峠に出る。高尾山《たかおさん》方面の展望がよい。尾根道を左に行き、急坂を一登りで草戸山頂に着く。

小祠や休憩舎もあり、眼下に広がった城山湖面を見ながらの昼食休憩にもってこいの所だ。なお、城山湖は揚水型の東京電力城山発電所（25万キロワット）へ水を供給する人工湖である。

帰路は峰の薬師《みねのやくし》経由で津久井湖畔に出てみよう。

尾根道を下り、また、急な道を登り返して展望台のあるピークを過ぎ、さらに一登りで、パラボラアンテナをつけた電波塔が立っている台地に出る。ここからは尾根道を下り、コンクリート造りの峰の薬師の奥の院を過ぎる。わずかで峰の薬師に着く。武相四大薬師の一つと言われる寺である。

境内から見下ろす津久井湖や津久井城山が美しい。南側の山腹につけられた参拝道を下り、広い車道を右へ行くと、ＪＲ、京王の橋本駅行きのバスが出る三井《みい》バス停がある。

草戸山山頂

▼行程：ＪＲ横浜線相原駅↓2分↓バスセンター＝神奈川中央交通バス・15分＝青少年センター入口↓15分＝大地沢青少年センター↓10分↓草戸峠分岐↓境川源流（往復20分↓20分↓草戸峠↓15分↓草戸山↓30分↓電波塔↓15分↓峰の薬師奥の院↓5分↓峰の薬師↓20分↓三井バス停↓30分↓ＪＲ・京王橋本駅※三井バス停からの本数が少ないので、待ち時間が多いときは三井橋を渡って三井倶楽部バス停までいくとよい（徒歩20分）。
▼地図：国土地理院2・5万分の1八王子・上溝
▼問合せ：八王子市役所商工課0426-20-7378、八王子市観光協会0426-20-7381、町田市役所商工観光課042-722-3111、城山町役場防災観光課042-782-1111、神奈川中央交通バス三ケ木営業所042-784-0661

【思い出記録】

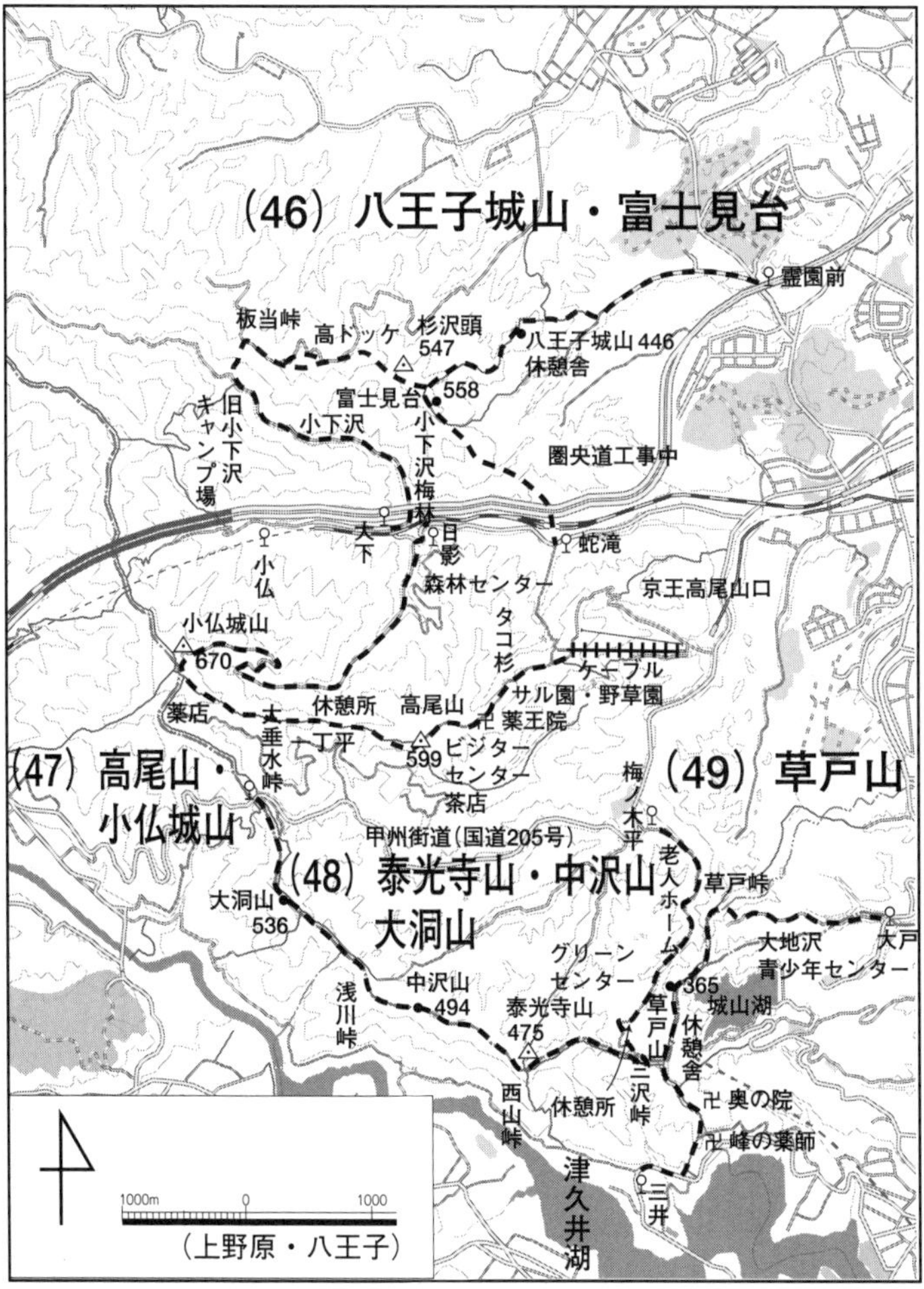
(46) 八王子城山・富士見台
霊園前
板当峠
高ドッケ
杉沢頭
547
八王子城山 446
休憩舎
558
富士見台
小下沢
旧小下沢キャンプ場
小下沢梅林
圏央道工事中
大下
日影
蛇滝
小仏
森林センター
京王高尾山口
タコ杉
小仏城山
670
ケーブル
サル園・野草園
薬店
休憩所
高尾山
薬王院
大垂水峠
一丁平
599
ビジターセンター
茶店
(47) 高尾山・小仏城山
梅ノ木平
(49) 草戸山
甲州街道(国道205号)
(48) 泰光寺山・中沢山大洞山
老人ホーム
草戸峠
大洞山
536
大地沢青少年センター
大戸
グリーンセンター
365
城山湖
中沢山
494
浅川峠
泰光寺山
475
草戸山
休憩舎
三沢峠
西山峠
休憩所
奥の院
峰の薬師
津久井湖
三井
1000m
0
1000
(上野原・八王子)

コラム⑤
山歩きの基本
その5　危険防止

筆者はここ数年、週に2回ほど山に入っている。年間で100回ほどだ。そのうち、小学生の自然観察をしながらの登山や中高年のグループ登山・ハイキングの引率が40回ほどある。そのうちトラブルが発生した回数はおおよそ10回に1回程度だ（幸いに重大な事故には至ってないが）。

そのトラブルのトップが疲労やケガ、病気である。太ももの筋肉が痙攣して一歩も歩けなくなったり、膝が抜けたようになって力が入らず、一時的に歩けなくなった人もいた。貧血状態になって、やむなく、スタッフが別コースに引率したこともあった。

登り始めて1～2時間の間と下山途中が危ない。睡眠不足や、不十分なウオーミングアップが原因。また、下山途中は疲労が蓄積し、筋肉の痙攣がよく起こる。ちょっと長めの休憩を取り、ストレッチ体操などをして疲労を取り除いてから、下山したい。

単独行の時に、藪深い尾根を下っていて道を失ったことがあった。1時間ほど悪戦苦闘し、かなり下の谷間に作業小屋を発見。急な斜面を強引に下ったが、すぐに垂直な崖に出会い、とても下りられない。結局、元の尾根に登り返し、2時間もかけて、やっと登山道がある尾根に出た。山で迷った時、谷に下りることは厳禁である。崖や滝があって、にっちもさっちも行かなくなる。

六、多摩の丘陵地帯

八王子大塚山の「絹の道」

☆——歩程▼約1時間30分

(50) 八王子大塚山《はちおうじおおつかやま》——山頂直下には古道「絹の道」が通る

【地図239頁】

緑に被われた多摩丘陵の西端に位置する八王子市の鑓水《やりみず》地区にある丘のピークが大塚山（標高214メートル）である。

すぐそばまで新興住宅が建ち並び、あたかも、都会の波が押し寄せてきているようである。

山頂には、明治初期に浅草から移転してきた道了堂《どうりょうどう》が鎮座していたが、昭和30年代、堂守りが不慮の事件で亡くなってからは荒れ放題になっていた。首のとれた石仏などがいくつも立ち並んでおり、何か不気味な雰囲気が漂っていた。

平成2年に八王子市が公園として整備して見違えるようにすっきりした。樹木の間から奥多摩の山々がパノラマのように広がって見える。

《ガイド》

京王線北野駅から京王バスで西武北野台行きに乗り、西武台《せいぶだい》三丁目で下車。目の前に樹木に覆われたこんもりとした丘が見える。そこを目指して、石段を登り、その先の山腹の道を行く。

水道タンクのある所の先に、山頂に登る石段がある。脇に「絹の道」の大きな石柱が立っている。

擦り減った滑りやすい石段を登ると台地上の山頂に着く。周囲を取り囲むようにスダジイ、クヌギなどが鬱蒼と茂って、鎮守の森を形成している。

壊れた道了堂の残骸は跡形もなく片づけられ、基礎石がわずかに残っているだけである。

時折吹く風にゴーと樹木が揺れる。往時の繁栄は今いずこといった感慨がする。

石段を下り、多摩の短いシルクロードとも言われる絹の道を歩く。

江戸時代の末期の横浜開港から、明治43年の横浜への鉄道開通までの約60年ほど、関東各地からの輸出用の絹糸や絹製品がほとんどここを通った。当時は朝早くから暗くなるまで、馬車が引きも切らずに通行したという。

宅地造成の真っただ中ではあるが、ここから2キロほど当時の道が保存されている。凹型に掘られた土の道がコナラ、ヤマザクラ、クヌギなどの雑木林の中に続く。新緑の頃は緑のトンネルの間を行くようである。

人家を見るようになると舗装道路に変わり、急に車が多くなり、現代にタイムスリ

八王子大塚山の三角点

ップした気がする。この先、左に絹の道資料館があるので寄って行きたい。

豪商の名をほしいままにした八木下要右衛門《やぎしたようえもん》の屋敷跡に八王子市が資料館を建てた。当時の絹の運搬に関する文書などが多く展示されている。

帰路はすぐ先の絹の道入口バス停からバスでJR横浜線橋本駅に出る。

▼行程：京王線北野駅→京王バス→西武台三丁目→15分→大塚山→10分→絹の道石碑→30分→絹の道資料館→10分→絹の道入口バス停→15分→JR橋本駅（京王線都立大駅へは絹の道バス停から徒歩で30分）
▼地図：国土地理院2・5万分の1八王子
▼問合せ：八王子市役所商工課0426-20-7378、絹の道資料館0426-76-4064、京王バス電話案内センター042-338-2121
【思い出記録】

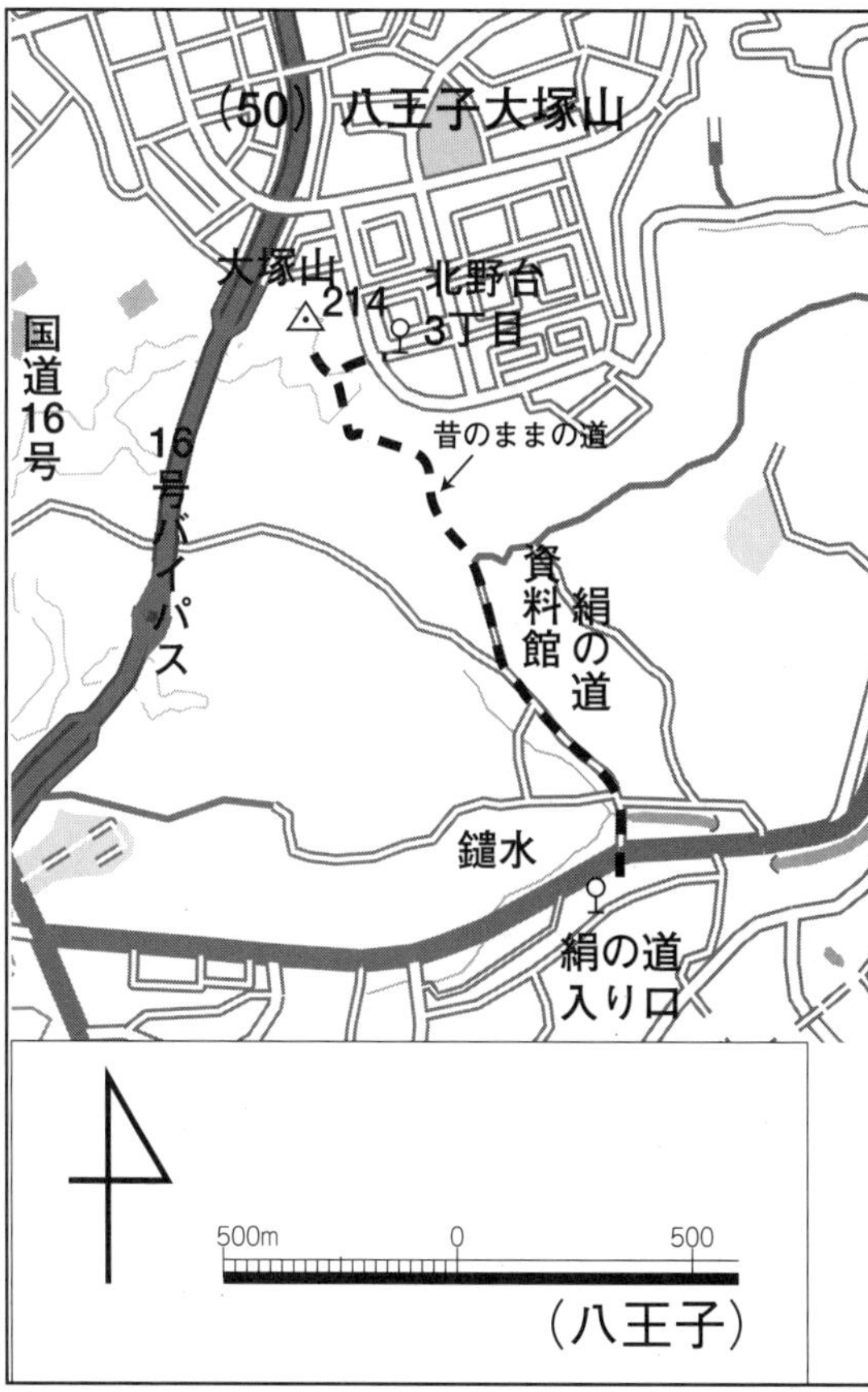
(50) 八王子大塚山
大塚山
214
北野台
3丁目
国道16号
16号バイパス
昔のままの道
資料館
絹の道
鑓水
絹の道入り口
500m
0
500
(八王子)

☆——歩程▼約2時間

(51) 府中浅間山《ふちゅうせんげんやま》——黄色のムサシノキスゲが風になびく丘

【地図243頁】

武蔵野台地のほぼ中央にある丘（この辺りだけ多摩川の浸食から取り残された丘で地学用語で残丘《ざんきゅう》という）で、周りは瀟洒な住宅と大きな霊園に取り囲まれている。

緑豊かな丘の上は三つのピーク（浅間神社のある堂山《どうやま》＝標高79メートル、休憩舎が近くにある中山《なかやま》、南端にある前山《まえやま》）があり、全体をまとめて浅間山と称している。都立公園になっており、整備された散策路が尾根筋や中腹にいくつもつけられ、大勢の人達が散策を楽しんでいる。山野草も多く、春にキンラン、ギンラン、初夏にノカンゾウの近種ムサシノキスゲが咲く。

《ガイド》

京王線東府中駅から武蔵小金井行きのバ

スに乗り浅間山公園で下車する(なお、このバスは京王線府中駅から出て、東府中経由で小金井に向かう)。

目の前の広い道路を横切り、公園の入口に入る。短い坂を登ると、休憩舎のある丘に着く。散策していた人達が休憩している。

右の前山方面に行って見る。富士山がよく見える地点(案内板がある)を過ぎ、その先にある丘が前山である。ベンチがいくつか設えてある。鎌倉時代末期の武将人見《ひとみ》四郎《しろう》の墓の跡がある。ちなみに、下の方に都旧跡の人見ケ原《ひとみがはら》古戦場がある。

元の道を戻り、休憩舎から左斜めの道を行くと、ほんのわずかで中山に着く。雑木に囲まれた丘で展望がないが、木漏れ日を浴びた丘はなかなか風情がある。中山を下り、メインの散策路に合流して、先に行く。

トイレがある窪地から、右へ緩い女坂を登って行くと、左右にムサシノキスゲが咲く野原に出る。深い緑の草原の中に色鮮やかなオレンジ色や黄色の花はよく目立つ。花を眺めながら登ると、赤土の丘の上に浅間神社が建っている、浅間山の盟主、堂山に着く。三角点が足元にひっそりと佇んでいる。今は樹木が茂って富士山もあまり見えないが、昔はここで富士山を拝み無病息災を祈ったという。参拝道である男坂やキスゲ橋につながる道が下に降りている。

今回はキスゲ橋入口から左(北側)の山腹を巻く散策路をたどりバス停まで戻ろう。あまり人が来ない静寂な散策路である。所々でコナラやアカシデの密集した武蔵野の原野を彷彿とさせる森を行く。途中に水《み》手洗《たらい》神社の小祠がある。横に湧き水の出る

府中浅間山の散策路

窪地があるが枯れていることが多い。

この先で浅間山公園のバス停に出る。

▼行程：京王線東府中駅→バス→10分→浅間山公園→5分→休憩舎→20分→前山（往復）→中山→15分→女坂→20分→堂山→10分→北側山腹の散策路→10分→トイレ→5分→水手洗神社→5分→浅間山バス停→10分→JR中央線武蔵小金井駅（なお、キスゲ橋を渡って多磨霊園を通り西武多摩川線多磨駅へは徒歩30分）

▼地図：国土地理院2・5万分の1吉祥寺

▼問合せ：府中市役所商工課042-362-4111、武蔵野公園事務所042-361-6861、京王バス電話案内センター042-338-2121

【思い出記録】

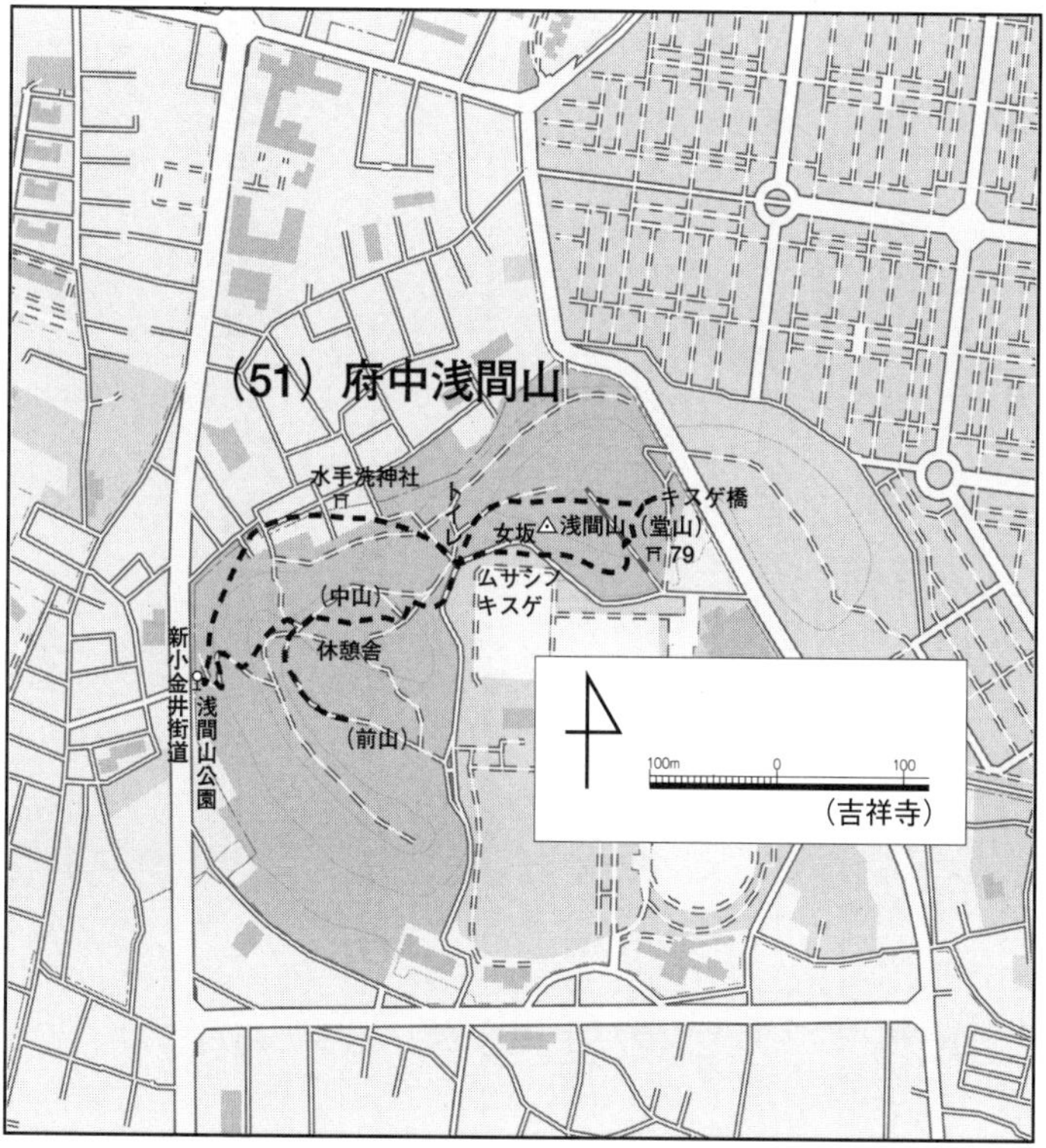

（51）府中浅間山
水手洗神社
トイレ
キスゲ橋
女坂
浅間山
（堂山）
79
ムサシノキスゲ
（中山）
休憩舎
新小金井街道
浅間山公園
（前山）
100m
0
100
（吉祥寺）

☆──歩程▼約3時間

(52) 高根三角点峰《たかねさんかくてんほう》・六道山《ろくどうやま》

──武蔵野の原風景が残る丘陵

【地図248頁】

東京都と埼玉県の境にある狭山丘陵《さやまきゅうりょう》西部地区に、都内では6カ所しかない一等三角点もある高根三角点峰（標高194メートル）とヤマザクラやソメイヨシノの樹林に包まれた六道山（標高194メートル）がある。

周囲一帯は狭山湖や多摩湖の水質保全のため、以前から自生していたコナラ、クヌギ、アカシデなど落葉広葉樹を保護して来た。そのお陰で、明治時代の文豪国木田独《くにきだどっ》歩《ぽ》が、その著書『武蔵野』で描写した情景や風景が色濃く残っている。

《ガイド》

JR八高線の箱根ケ崎《はこねがさき》駅で下車。左側の車1台がやっとの細い道に入る。すぐに、国道16号に出るが、それに沿って陸橋まで行く。左に折れてしばらく行くと狭山池公園に着く。箱根ケ崎の地名の元にもなった筥ノ池《はこのいけ》が大小二つある。かつて、旧多摩川の流れがこの辺りを浸食して広大な湖水や湿原を形成しており、いにしえの鎌倉時代の頃から筥ノ池として知られていた。その時代の歌集『夫木集』にも「冬深み筥ノ池辺を朝行けば氷の鏡見ぬ人ぞなき」と紹介されている。現在は宅地開発などで小さくなり往時の面影はない。なお、ここは立川の南部で多摩川と合流する残堀川《ざんぼりがわ》の水源地である。

もとの陸橋に戻り、橋を渡って人家の間を抜けて聖幼稚園の脇のお伊勢山《いせやま》遊歩道に入る。古びた道標が立っている所からが遊歩道で、クヌギやコナラの樹林が茂る中の緩やかな道を登る。右手に運動場や公会堂、中学校、高校を見ながら次第に高度を上げる。振り返ると富士山や奥多摩、丹沢《たんざわ》の山々が大きく見える。

左に石仏などが多くある人家をみて、一旦、坂を下り、大きく登り返すと高根三角点峰である。雑木に囲まれ展望がないが、静寂で雰囲気のよい峰である。

山頂から北にわずかに下り、右に折れて六道山に向かう。ほどなく車道に出るが、坂の頂上付近なので見通しが悪い。車に十分に注意して渡る。

六道山入口で左に曲がり、出合《であい》の辻を過ぎ、広々とした丘の道を行き、左にオオタカの密猟監視所を見ると、すぐ先に四層のレンガ造りの展望台が見える。ここが六道山である。ソメイヨシノやヤマザクラが取り囲む中に野外ステージや芝生、ベンチなどがあり、花見をしながら憩う人々が多く見られる。展望台からは狭山丘陵のほぼ全域が見渡せる。花見の頃もよいが、晩秋の光景もすばらしい。赤や茶色、黄色と色とりどりの化粧をした狭山丘陵が360度、パノラマにように広がる。

帰路は丘陵の北側のさいたま緑の森博物館まで行きたい。出合の辻まで戻り、北に分岐している小路を行き、フェンスに沿った外周道路を行く。両側には鬱蒼と茂った森が続く。各種のカエデ類も多く、新緑や紅葉の時期は目の覚める光景を見せてくれる。博物館への道が何本かあるが、四つ目の入口から入る。雑木林の中の尾根上の道を北に向かう。ほどなく休憩舎のある雑木林広場に出る。入間《いるま》方面の展望がよい。

わずか手前に戻り、急斜面の道を下る。クイズ形式の樹木の解説板を読みながら下り、坂の下で右に折れる。ここからは谷戸《やと》と呼ばれる山に挟まれた小谷の湿地帯を通る。青く水をためた溜池があり、その真ん中に立っている杭の先に、カワセミが毎日のように訪問して来る。

博物館は、一階がビジターセンターのようになっており、付近一帯の植物や動物の生態を写真などで展示している。なお、すぐ近くに奥多摩・多摩・奥武蔵一帯では珍しいヒメザゼンソウの群落もある。里山の自然をゆっくり観察して帰路につきたい。ここから1キロほど先に西武バスの萩原《はぎわら》停留所がある。

なお、六道山から野山北公園《のやまきた》（武蔵村山市）へ行くコースもなかなかよい。展望台から南へ延びる車道幅の道を行く。道標がこまめに立っているので迷わない。3キロほど行き、六地蔵の分岐点から野山北公園に入る。ここにも武蔵野の様々な樹木や山野草（カタクリの群落もある）が保護されている。また、武蔵村山市営かたくりの湯もある。

高根三角点峰の一等三角点

▼行程：JR八高線箱根ケ崎駅↓10分↓狭山が池公園↓10分↓お伊勢山遊歩道入口↓30分↓高根三角点峰↓20分↓出合の辻↓10分↓六道山↓10分↓出合の辻↓狭山湖外周道路40分↓雑木林広場分岐↓10分↓雑木林広場↓30分↓さいたま緑の森博物館↓20分↓西武バス萩原停留所（JR八高線箱根ケ崎駅、西武線小手指駅行き）

▼問合せ：瑞穂町役場観光商工課042-557-0501、入間市役所都市整備部みどりの課 04-2964-1111、さいたま緑の森博物館案内所04-2934-4396、武蔵村山市役所観光商工課042-565-1111、西武バス所沢営業所042-992-7164

【思い出記録】

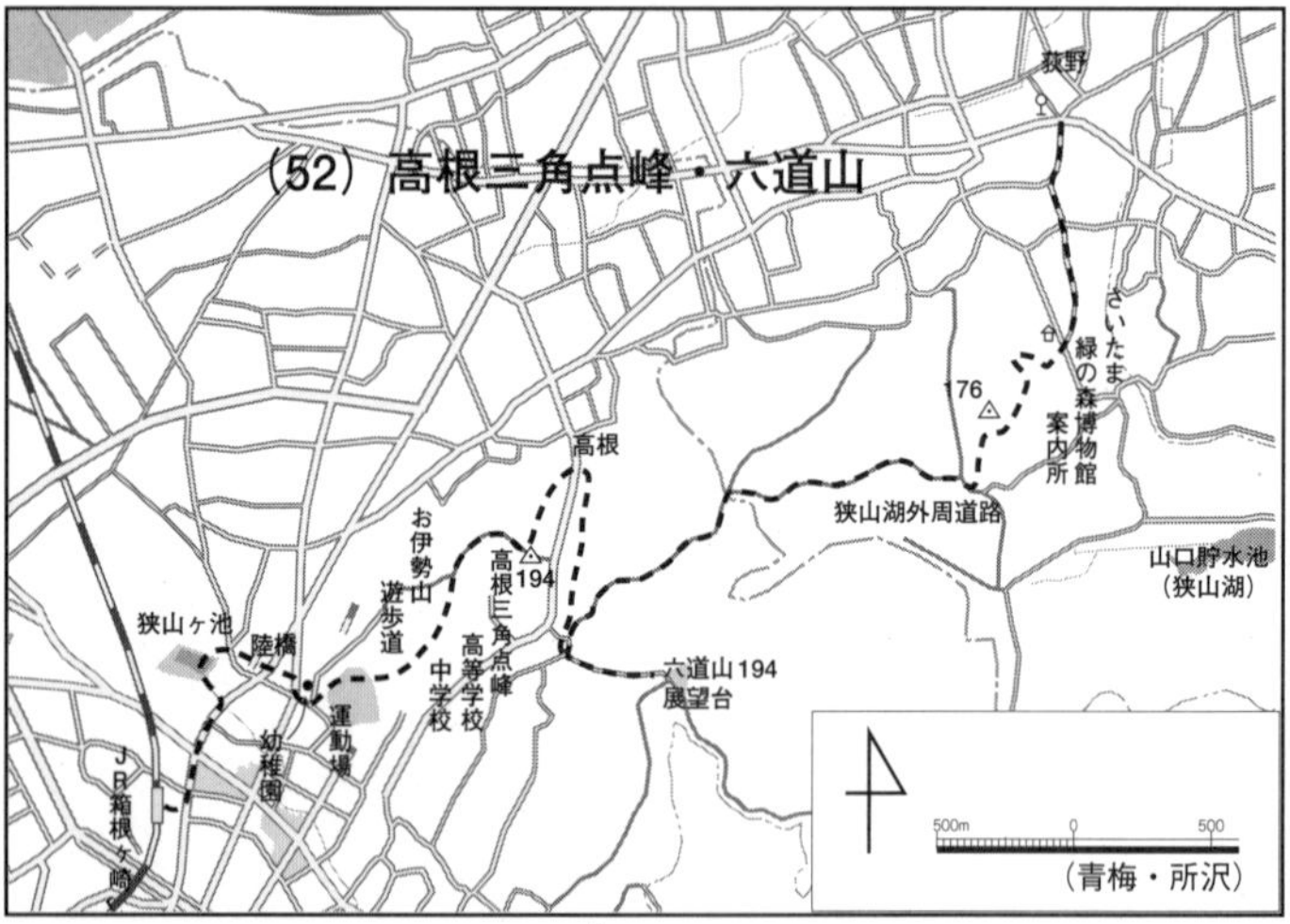
（52）高根三角点峰・六道山
荻野
さいたま緑の森博物館案内所
176
高根
お伊勢山遊歩道
194
高根三角点峰
狭山湖外周道路
山口貯水池（狭山湖）
狭山ヶ池
陸橋
高等学校
中学校
六道山194展望台
運動場
幼稚園
JR箱根ヶ崎
500m
0
500
（青梅・所沢）

☆——歩程▼約2時間

(53)八国山《はちこくやま》——新緑や紅葉のトンネルが続く丘の上の道

【地図251頁】

狭山丘陵《さやまきゅうりょう》の東端にある八国山(標高89メ《ー》ト《ル》)一帯は武蔵野の原風景が残っている緑豊かな丘である。サクラ、クヌギやコナラ、エゴノキなどの落葉広葉樹が多く、花の時期や新緑・紅葉の時期には森林浴を楽しむ人達の姿が多く見られる。アニメの名作『となりのトトロ』の舞台にもなったこの八国山をのんびりと歩いてみたい。

《ガイド》

西武新宿線の東村山駅で下車し、西口へ出る。交差点で左に折れ、バス通りを600メ《ー》ト《ル》ほど西に行く。バスも通っているので乗ってもよいが、それほどの距離ではない。正福寺《しょうふくじ》バス停で右に折れ、山門に着く。東京都では数少ない国宝がある寺なので、立ち寄っていきたい。

八国山の将軍塚

正福寺から右に回り込むように行くと八国山の緩やかな丘陵が見える。北山《きたやま》公園への道標に従い人家の間を入って行き、苦行橋《くぎょうばし》を渡る。そこが新東京100景にも選ばれている北山公園だ。約1ヘクタールの広い園内には10万株の菖蒲が植えられ、開花時期の6月には見事な花を披露してくれる。

園内を通り、小学校の横の小路をいくと管理事務所のある一角に出る。ここから八国山への散策路がスタートする。線路（西武鉄道西武園線）を通り坂道を登る。右に二つ池を見ながら、急坂を上ると尾根に出る。右に折れ、歩きやすい幅広の道をのんびりと行く。

この辺り、散策路が縦横につけられているが、要所には道標があるので迷わない。6月にはエゴノキが咲きそろう道だ。風に吹かれてパラパラ落花する中で、キャンバスに向かって熱心に絵筆を動かしている人もいる。脇を犬を連れた人も通る。みんな笑顔である。

左に鳩峰《はとみね》神社方面の道を見送り、さらに緑のトンネルを直進する。やがて、こんもりとした森の中の将軍塚のある広場に出る。鎌倉時代末期に新田義貞《にったよしさだ》が全軍を指揮した所だ。塚の裏に三等三角点がひっそり佇んでいる。ここが八国山である。

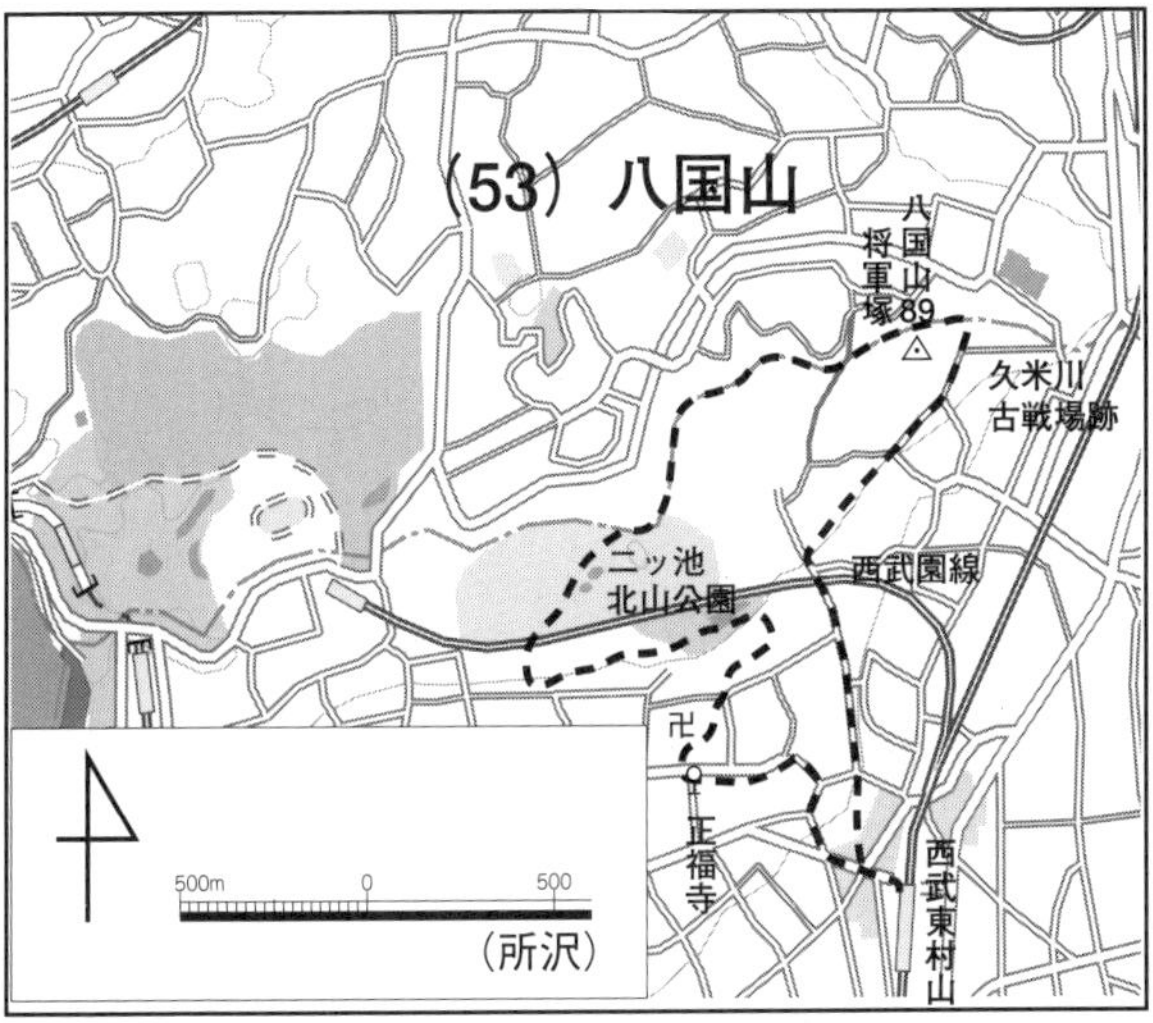

散策路に戻り丸太風の階段を下り、車道を右に回り込むように行くと、久米川《くめがわ》古戦場跡の石碑が立っている場所に出る。ここから西武新宿線東村山駅まで1キロほどである。

▼行程：西武新宿線東村山駅↓15分↓北山公園↓10分↓二つ池↓10分↓丘の上の散策路↓30分↓病院分岐↓30分↓八国山三角点峰・将軍塚↓10分↓久米川古戦場跡↓20分↓西武新宿線東村山駅

▼地図：国土地理院発行地形図2・5万分の1所沢

▼問合せ：東村山市役所緑と公園課042-393-5111、北山公園管理事務所042-394-1988、西武バス立川営業所042-524-0851

【思い出記録】

あとがき

山登りは楽しいものである。のんびりと景色を眺めながら、野鳥のさえずりを聞きながら、そして、山野草を見つけながら登る山は、地上の楽園のようである。

多摩川流域にある数多くの山から100山を紹介してみたが、読者の皆さんには、この他にも、もっと多くの山をご存じだろうと思う。100山と言わずに150山、200山と、郷土の山を再発見しながら、楽しんで登っていただきたいものである。

また、同じ山でも、別のコースから登ると、まったく違った山に見える。ぜひ、今まで登った山もコースを変えて登ってみてはどうだろうか。

多摩らいふ倶楽部では散策コース、ハイキングや登山のコースなど、平成14年だけで120コースほどの山行を行ってきた。どの方も心から楽しんで参加されていた。

本書で紹介したコースのかなりのものは、本倶楽部で実際に登った記録でもある。また、写真は一部、会員の提供を受けた。

本書は多摩らいふ倶楽部との共同制作でもある。この場をお借りして、厚く御礼を申し上げたい。

最後に、けやき出版の交易場さんには原稿の遅れなどで多大の迷惑をおかけした。申し訳なく思っている次第である。

著者　しるす

参考文献一覧

国土交通省国土地理院発行・地形図5万分の1、2万5千分の1（多摩地区、山梨県塩山市、丹波山村、小菅村、上野原町、神奈川県藤野町、埼玉県飯能市、名栗村に関係する地形図）
東京都及び多摩地区各市町村史、観光パンフレット、インターネットHPなど
山梨県塩山市、丹波山村、小菅村、上野原町、神奈川県藤野町、埼玉県飯能市、名栗村の市町村史、観光パンフレット、インターネットHPなど
東京周辺の山350　磯貝猛他　山と渓谷社　2001年
ヤマケイアルペンガイド⑨奥多摩・奥武蔵　寺田政晴　山と渓谷社　2000年
ヤマケイアルペンガイド⑩奥秩父・大菩薩　北村武彦　山と渓谷社　2000年
東京から見える山を歩く　横山厚夫　山と渓谷社　1993年
車窓の山旅・中央線から見える山　山村正光　実業之日本社　1985年
展望の山旅　藤本・田代　実業之日本社　1987年
続・展望の山旅　藤本・田代　実業之日本　1992年
奥多摩・奥秩父を登る　西川敏明他　昭文社　2002年
甲斐の山山　小林経雄　新ハイキング社　1992年
奥多摩（復刻版）　宮内敏雄　百水社　1992年
奥多摩山歩き一周トレール　東京都勤労者山岳連盟　かもがわ出版　1999年
高尾・陣馬わくわくハイク　ぐるーぷあずまいちげ　のんぶる舎　1991年
奥多摩・秩父100の山と峠　津波克明　けやき出版　1995年
新・多摩の低山　守屋龍男　けやき出版　1999年
新編武蔵風土記稿　雄山閣　1985年
武蔵名所図絵　角川書店　1985年
新全国歴史散歩シリーズ　東京都、埼玉県、山梨県、神奈川県の各版　山川出版　1992年
檜原・歴史と伝説　小泉輝三郎　武蔵野郷土史刊行会　1980年
インターネットHP（山と無線を楽しむ会他）

高根三角点峰
たかねさんかくてんほう 194m 248
鷹ノ巣山 たかのすやま 1737m 72
高丸山 たかまるさん 1733m 63
高水山 たかみずさん 759m 162
チクマ山 ちくまやま 1040m 159
月夜見山 つきよみさん 1147m 84
鶴脚山 つるあしやま 916m 112
天狗岩 てんぐいわ 350m 196
天祖山 てんそざん 1723m 48
堂所山 どうしょさん 731m 217
戸倉城山 とくらじょうやま 434m 124
土俵岳 どひょうだけ 1005m 96
酉谷山 とりだにやま 1718m 54

な
中沢山 なかざわやま 494m 231
長沢山 ながさわやま 1738m 48
七ツ石山 ななついしやま 1757m 60
鍋割山 なべわりやま 1084m 170
奈良倉山 ならくらやま 1349m 42
鋸山 のこぎりやま 1109m 182

は
八王子大塚山
はちおうじおおつかやま 214m 240
八王子城山
はちおうじじょうざん 446m 227
八国山 はちこくやま 89m 253
ハンゼの頭 はんぜのかしら 1680m 24
日向沢ノ峰
ひなたざわのうら 1356m 142
日の出山 ひのでやま 902m 179
飛竜山 ひりゅうざん 2069m 10
富士見台 ふじみだい 558m 227
府中浅間山
ふちゅうせんげんやま 79m 244
弁天山 べんてんやま 292m 133
棒ノ折山 ぼうのおれやま 969m 151
本仁田山 ほにたやま 1225m 156

ま
前飛竜 まえひりゅう 1954m 10
曲ケ谷北峰
まがりだにほっぽう 1360m 147
槙寄山 まきよせやま 1188m 96
馬頭刈山 まずかりやま 884m 112
松生山 まつばえやま 934m 105
丸山 まるやま 1098m 96
御岳奥の院峰
みたけおくのいんみね 1077m 170
御岳山 みたけさん 929m 170
三ツドッケ みつどっけ 1576m 54
三頭山 みとうさん 1531m 84
三室山 みむろやま 647m 192
六ツ石山 むついしやま 1479m 76

や
吉野愛宕山
よしのあたごやま 584m 192

ら
雷電山 らいでんさん 494m 188
連行峰 れんぎょうみね 980m 101
六道山 ろくどうやま 194m 248

INDEX
奥多摩・多摩の百山　索引

あ
赤指山 あかざすやま 1333m 59
赤ぼっこ あかぼっこ 410m 190
網代城山 あじろじょうやま 331m 128
市道山 いちみちやま 795m 112
一本松山 いっぽんまつやま 930m 101
稲村岩 いなむらいわ 843m 64
今熊山 いまくまやま 505m 125
芋木ノドッケ
いもきのどっけ 1946m 44
岩茸石山 いわたけいしやま 793m 156
臼杵山 うすぎさん 842m 112
青梅七国峠ノ峰
おうめしちこくとうげのみね 226m 194
大沢山 おおさわやま 1482m 80
大岳山 おおだけさん 1267m 176
大塚山 おおつかやま 920m 170
大寺山 おおでらやま 982m 35
大洞山 おおぼらやま 536m 226

か
景信山 かげのぶやま 727m 209
笠取山 かさとりやま 1953m 16
上高岩山 かみたかいわ 1020m 164
雷岩 かみなりいわ 2045m 30
榧ノ木山 かやのきやま 1485m 68
辛垣城址山
からかいじょうしやま 450m 182
唐松尾山 からまつおやま 2109m 19
狩倉山 かりくらやま 1452m 72
刈寄山 かりよせやま 687m 116
川苔山 かわのりやま 1363m 141
草戸山 くさどやま 365m 230
熊倉山 くまくらやま 966m 97
雲取山 くもとりやま 2017m 44
倉戸山 くらとやま 1169m 68
黒川山 くろかわやま 1716m 26
黒山 くろやま 842m 145
鶏冠山 けいかんざん 1710m 26
御前山 ごぜんやま 1405m 86
小仏城山
こぼとけじょうやま 670m 222
金比羅山 こんぴらさん 450m 122

さ
三ノ木戸山 さぬきどやま 1177m 72
三国山 さんごくやま 960m 97
三方山 さんぽうざん 454m 182
鹿倉山 ししくらやま 1288m 35
生藤山 しょうとうさん 990m 97
陣馬山 じんばさん 855m 213
浅間岳 せんげんだけ 235m 200
浅間嶺展望台
せんげんれいてんぼうだい 890m 101
千本ツツジ せんぼんつつじ 1704m 59
惣岳山 そうがくさん 756m 156
惣岳山（奥多摩）
そうがくさん 1350m 86
蕎麦粒山 そばつぶやま 1473m 136

た
泰光寺山 たいこうじさん 475m 226
醍醐丸 だいごまる 867m 206
大澄山 だいちょうざん 193m 200
大菩薩嶺 だいぼさつれい 2057m 30
高尾山 たかおさん 599m 222

著者紹介
守屋龍男（もりや たつお）
1940年、富山県生まれ。小学生の頃から北アルプスの立山や剣岳に登る。その後、東京・多摩地区に住んで40年。この間、多摩・甲斐・相模・秩父の山々をほとんど登る。
日本山岳会、新ハイキングクラブ会員。日本自然保護協会・自然観察指導員登録。多摩らいふ倶楽部登山・ハイキング部門講師。
主な著作：『多摩の低山』『新多摩の低山』『秩父の低山』『相模の低山』『花の低山』(以上、けやき出版)、『東京近辺カタクリの森を訪ねて』

奥多摩・多摩の百山

2003年6月12日　第1刷発行

著者　守屋龍男
制作協力　多摩らいふ倶楽部
発行所　株式会社けやき出版
〒190-0023東京都立川市柴崎町3-9-6
TEL 042-525-9909　FAX 042-524-7736
http://www.keyaki-s.co.jp
DTP　有限会社明文社
印刷所　株式会社平河工業社

ISBN4-87751-198-9 C2026